Psychology of Food and Psychological drive

食の心理学「食生心理」で作る

# 自分の心を操る食材とレシピ

洋食編

坂口 烈緒

# 食の心理学「食生心理」で作る
# 自分の心を操る食材とレシピ
## 洋食編

## 目次

| | |
|---|---:|
| 食生心理の成り立ち | 2 |
| 食生心理の前提 | 5 |
| 近年見られる世界的な心理課題 | 6 |
| ① 経済的不安が強い人へのレシピ<br>「インゲンとマッシュルームのクリームパスタ」 | 10 |
| ② 健康に関する不安が強い人へのレシピ<br>「アトランティックサーモンのレモンペペロンチーノパスタ」 | 24 |
| ③ 差別や不平等を恐ろしく感じる人へのレシピ<br>「ターキーと栗のハーブロースト　アーティチョーク添え」 | 40 |
| ④ メンタルの問題を同時にたくさん抱えている人へのレシピ<br>「チーズグリッツとハーブチキン　ルバーブソース添え」 | 56 |
| ⑤ 自己評価と自尊心の問題を抱える人へのレシピ<br>「ショートリブのクランベリーブレイズ　野菜のロースト添え」 | 76 |
| ⑥ 孤独感が強い人へのレシピ<br>「アンチョビとケールのシーザーサラダ」 | 90 |
| ⑦ 成功不安がある人へのレシピ<br>「ワイルドライス入り牛スネ肉シチュー」 | 104 |
| エピローグ | 121 |

# 食生心理の成り立ち

　「食生心理」とは、食と生理的欲求が交錯する精神の領域。英語では「Psychology of Food and Psychological Drive」、略して PFP である。この学際的な研究分野は、多くの人々には未だ馴染みが薄く、その探求は深く複雑である。

　19世紀後半から存在する食生心理学は、食材が人の精神にどのような影響を及ぼすのかを研究してきた。しかし、その実用的な応用が広がったのは、ごく最近のことである。ドイツの心身医学の伝統に端を発し、人間の不調の原因を単に肉体的な側面だけでなく、精神的な側面にも求める心身医学がこの学問の基盤である。

　ウイルスが広がる中、同じ病気と治療にも関わらず病状が改善する人としない人の違い。この問題に対し、心身医学は「偶然」や「体質」といった簡単な説明を避け、精神的な要素を探求した。潜在意識の影響など、心身医学からの多岐にわたる研究で、心と体の結びつきがさらに深まり、新しい真実が明らかになった。

　サンフランシスコ大学のリベット教授による実験では、意識的な決断よりも先に無意識が反応することを示した。無意識の存在とはたらきは、人間の生理的反応、例えば熱いヤカンに対する反射などにも関係している。

食生心理学から生まれた「BPM」の理論は、人間の健康が肉体、精神、無意識の3つの要素によって左右されると主張する。具体的には、


「肉体的な要素」
風邪や疾病の原因となるウイルスや細菌、免疫力の変動など。

「精神的な要素」
精神的なストレスや疲労が疾病に影響を及ぼす。

「無意識の要素」
休息を欲している時に無意識が「風邪をひかせる」といった反応。


　食生心理学は、この三要素理論を基盤にして、食物の摂取が肉体にもたらす変化、無意識の欲求が食欲を調整し、食材が精神に作用する可能性を探求している。

　本書では、これらの研究に基づいて開発されたレシピを提供したいと考えている。食材が食生心理にどう影響するかを、共に探求していく。そこで最初に、食生心理を理解するための基本ルールを確認する。

# 食生心理の前提

　食生心理学の中で、食べ物への強い好みや嫌悪は、精神的な健康とは言えない状態とされている。つまり、理想的なのは、特定の食材に対して好きでも嫌いでもない中立な態度をもつことである。この中立の状態にある人は、特定の食材に対して好きな人や嫌いな人と異なる精神状態をもつことが一般的である。

　食生心理学を背景にすることは、特定の食材を摂取する欲求やその食材によるストレスの軽減がどのように作用するかを探るときに活用できる。また、食材の予防的な利用も可能で、科学的にその効果が検証されている。このとき、食材の摂取量は重要ではなく、少量でも長期間、高頻度で摂取する方が効果があるようで、オレンジであれば、果汁が少量含まれていれば、一滴でも入っていれば良いとされている。

　食生心理学は、あくまで味覚の心理であり、皮むきが面倒だから食べないといった要素やベジタリアンの肉食への抵抗感など、味覚と無関係な要素は対象外となる。また、アレルギーについても食生心理学では特別な考察が必要で、先天的なものと後天的なものとでその内容は異なる。本書では詳細に触れないが、これらは食生心理においての「嫌い」の感情とは別のものであると理解していただきたい。

# 近年見られる世界的な心理課題

　近年、世界中で心理的な問題が増加しているという報告が多く見られる。
　この現象はいくつかの要因に起因しており、社会、文化、テクノロジーなど多角的な影響が考えられる。

　まず、社会的要因としては、経済的不安定性や働き方の変化が挙げられる。
　リセッションや失業は、ストレスや不安、うつ症状を引き起こす可能性がある。加えてギグエコノミーの台頭で、安定した労働が減少していることも、人々の心理的健康に影響を与えている。

　そして、テクノロジーの進展も無視できない。特に、SNSやインターネットの普及は、比較文化、プライバシー侵害、サイバーブリングなどは新しいストレス要素を生んでいる。さらに、情報過多によるストレスや、スマートフォンの過度な使用が睡眠障害や注意力の低下を引き起こす原因になっているケースもある。

　さらに、文化的な側面も注視したい。特に、成績や成功への過度なプレッシャーは、特に若い世代に多くの精神的ストレスを与えており、多様性が広がる社会では、同時に差別や偏見も根強く存在し、それが人々の心理に影響を与える場合がある。

　パンデミックなど、大規模な災害も無視できない要素である。パンデミックや自然災害が起こる度に、多くの人が孤立したり、不安やうつを感じたりしている。このような状況は、集団での心理的な健康にも影響を与えている。

　そして、これらの問題に対処するための心理的サポート体系がしばしば不足している。特に、精神医療へのアクセスが限られた地域や、心の健康に対する理解が低い文化では、問題が顕在化しやすい。

　結論として、多くの要因が絡み合って心理的な問題が増加している現状には、多角的かつ包括的な対策が必要である。その一つのアプローチとして、食生心理が強力なものになると期待できる。本書では、同シリーズの他のレシピブックよりも、よりグローバルな視点での心理的問題をテーマにする。

# BPM
# MENU

①経済的不安が強い人へのレシピ

# インゲンとマッシュルームの クリームパスタ

・お金を使いたくない
・お金を失うのが怖い
・仕事を失うのが怖い

# 材料

- インゲン豆：200g
- マッシュルーム：100g
- ベーコン：4枚
- スパゲッティ：200g
- 生クリーム：200ml
- パルメザンチーズ：50g
- ニンニク：1片（みじん切り）
- オリーブオイル：少量
- 塩：適量
- 黒胡椒：適量

# 作り方

1. インゲン豆の筋を取り除き、適当な長さに斜めカットする。

2. ベーコンは1cm幅に切る。

3. パスタを塩ゆでにする。

4. フライパンに少量のオリーブオイルを熱し、ニンニクとベーコンを炒める。

5. インゲン豆、マッシュルームを加えてさっと炒め、生クリームを注ぐ。

6. 煮立ったら、火を弱めてパルメザンチーズを加える。

7. 茹で上がったパスタをフライパンに加え、全体がよく混ざるように炒め合わせる。

8. 塩と胡椒で味を調えたら完成。

# 世界に広がる経済的不安

　近年の経済的不安は、不確実性耐性の低下につながり、未来に対する楽観的な見方が減少している。

　このような状況は、仮説を検証する際に指示する情報ばかりを集め、反対の情報を無視したり、集めなかったりする「確証バイアス」を助長し、人々が自分の不安を確認するような情報に偏りやすくなる。その結果、不安が増大する可能性が生まれたり、社会的比較によるストレスが高まったりしている。

　また、他人と自分の経済レベルを比較することで生じる劣等感や羨望が、経済的不安を増幅させている。そうなることで不安やストレスに対処する非効率的な方法をとろうとするが、この過度適応も問題である。過度な消費やギャンブルなど、不健康な対処法に走る人が増える可能性があるからだ。

　このように、経済的な不安は人々の心に深刻な影響を与えている。

# 食材1. インゲン豆
## 《経済的不安の緩和》

　ゼロサム思考とは、一方が得をするためには、他方が損をしなければならないと考える思考パターンである。ゼロサム思考は、しばしば競争社会や資源が限られていると感じられる状況で見られる。このようなゼロサム思考の視点は、経済的不安感とも密接に関連している。

　第一に、ゼロサム思考は個々人の経済行動に影響を及ぼす可能性がある。ゼロサム思考と感じる状況下では、人々はリスク回避的な行動に傾く。なぜなら、失敗による損失が他者の利得に繋がると考えられるからである。このようなリスク回避的な行動は、新しいビジネスの創出や効率的な資源配分を阻害し、結果として経済的不安を高める可能性がある。

　第二に、社会全体の経済的状況にも影響を与えることがある。例えば、ゼロサム思考の観点から社会的な貧富の格差を見ると、貧困層は富裕層が得ている利益が自分たちの損失に繋がると感じやすく、社会不安や犯罪の増加につながる可能性がある。その結果、経済的不安感が広がり、社会全体の安定が揺らぐことになると考えられる。

　第三に、集団間の関係性にも影響を及ぼす。例えば、国際貿易においてゼロサム思考が強まると、保護主義的な政策が取られる可能性が高く、これが全体の経済活動に悪影響を与えることがある。特に、経済的に不安定な時期にはこのような思考が強まりがちで、経済的不安感が一層増幅される可能性がある。

　さらに、ゼロサム思考は、情報の解釈や消費行動においても不安感を助長する可能性がある。例えば、人々が経済ニュースをゼロサムの観点で解釈する場合、極端な悲観主義や楽観主義に陥る可能性があり、その結果、不適切な経済行動を取る可能性が高くなる。

　このようなゼロサム思考が広がる要因としては、教育、文化、メディアなどが挙げられる。特に、競争を強調する教育環境や、ゼロサム思考を助長するようなメディアの報道は、人々の経済に対する不安感を高める一因となる可能性がある。

　対策としては、ゼロサム思考を非ゼロサム思考に転換する教育や啓発活動が有用となる。具体的には、協力や共有、再分配がもたらす利益を理解し、そのような非ゼロサム思考の活動を奨励することが、経済的不安感の削減に繋がると考えられる。ゼロサム思考の認識と改善は、個々人の経済行動から社会全体の経済安定に至るまで、多くの利点をもたらす可能性がある。

　2つの実験により、インゲン豆の摂取が済的不安感やゼロサム思考を減少させることが分かった。

　第一の実験では、ゼロサム思考の傾向との関連性を調査。ARS（Money Attitude Rating Scale）を使用して被験者の金銭に対する態度とゼロサム思考を評価した。また、食物摂取量はFFQ（食物摂取頻度調査法）を用いて計測。結果、ゼロサム思考が強い被験者ほど、インゲン豆を好む傾向が認められた。

　第二の実験では、インゲン豆摂取前後の経済的不安感とゼロサム思考の変動を調査。この調査では、STAI（状態‐特性不安尺度）とSCS（社会的比較尺度）を用いた。結果として、インゲン摂取後、被験者の経済的不安感が低下し、ゼロサム思考の頻度も減少したことが明らかになった。

# 食材 2. パルメザンチーズ
## 《健全な経済活動の促進》

　ネガティビティバイアスとは、人々が悪い出来事や不快な情報に対して、良い出来事や快適な情報よりも強く、持続的に反応する心理的な傾向である。ネガティビティバイアスは、生物学的・進化的な側面から説明されることが多く、危険な状況から逃れるために必要な警戒心の一環ともされており、経済情報の解釈においても作用する。

　例えば、不況のニュースや企業倒産、失業率の上昇といった負の経済情報は、相対的に良い経済状況のニュースよりも、人々の心に強く印象づけられる傾向がある。これによって、現実よりも悲観的な経済観測が広まり、消費や投資が抑制される可能性が高くなる。

　加えて、ネガティビティバイアスが強い人は、自らの経済的状況に対しても過度に悲観的になりがちである。例えば、少しの給与減少や仕事の不安定性を大きな危機と感じ、それが不安感を増幅させる場合がある。このような不安感は自己成就的な予言となり、実際に経済活動を制限することに繋がる可能性がある。

　さらに、ネガティビティバイアスは社会的な側面でも経済的不安感を高める要素となり得る。特に、SNSやマスメディアはしばしばセンセーショナルな内容を報じるため、人々は負の情報にさらされやすく、その結果、集団的な不安やパニックが引き起こされる可能性がある。

　このような状況は、行動経済学においても注目されている。ネガティビティバイアスにより、リスク回避的な行動が促され、市場においても非効率な状態が生じやすくなる。投資においても、負のニュースが市場の過度な反応を引き起こす例は数多くあり、このようなバイアスが経済全体に影響を与えることが

明らかである。

　問題を解決するためには、まず、ネガティビティバイアスの存在とその影響を認識することが重要である。その上で、多角的な情報源からの情報収集や、冷静な分析が必要となる。他にも、メンタルヘルスのサポートや教育プログラムを通じて、このようなバイアスを緩和する方法も考えられる。

　結論として、ネガティビティバイアスは、個人から社会、さらには経済全体にわたって経済的不安感を増大させる潜在的な力をもっているので、その解明と対策をすることで、より健全な経済活動だけでなく、人々の心の健康にも寄与する可能性がある。以上のことから、心理学と経済学、そして社会学など、多様な学術分野での研究と協力が求められている。

　代表的な心理学的尺度を用いた、二重盲検法で実験を行ったことで、パルメザンチーズの摂取が、ネガティビティバイアスや経済的不安感に対する有望な介入手段であることが明らかになった。実験群であるパルメザンチーズを摂取した参加者と、対照群であるプラセボを摂取した参加者の間で、ネガティビティバイアスのレベルを測定するアンケート調査が行われた。結果として、パルメザンチーズを摂取した群は、経済情報に対する認知的歪曲が軽減され、冷静な判断力が向上したことが確認された。

　さらに、食材摂取後の心理テストにより、心理的レジリエンスを高める可能性があると結論づけられた。つまり、パルメザンチーズが誘発するポジティブな感情が、ネガティビティバイアスや経済的不安感に対する抵抗力を増す可能性があると考えられるのである。

# 食材3. ベーコン
## 《確証バイアスの軽減》

　確証バイアスとは、人々が自分の既存の信念や仮説を支持する情報を優先して探し、評価し、覚える傾向のことである。一方で、自分の信念に反する情報は無視または軽視する現象も含まれる。

　この確証バイアスは経済的不安感とどのように関連しているか、学術的に考察する。まず、確証バイアスは経済的な判断や行動にも影響を及ぼす可能性がある。例えば、人々は自分がもっている株や資産が良いと信じている場合、それを支持する情報に注意が向きやすく、逆の情報には目をつぶりがちである。このようなバイアスは、経済的不安が高まった際に更に顕著になる可能性がある。経済的不安感が高まると、人々はより安定した、あるいは「確実な」選択を求める傾向がある。しかし、確証バイアスによって、その「安定」や「確実性」が実際よりも高く評価される可能性がある。例えば、不況時には不安から金などの硬貨に投資する人が増えるが、その判断は確証バイアスによる過度な楽観に基づいている場合が多い。

　さらに、確証バイアスは社会全体の経済観念にも影響を与えることがある。マスメディアやSNSが特定の経済的見解を強調すると、それを信じる人々は自分の見解が正しいという確証を得ることになる。その結果、経済的不安感を煽るような情報が拡散し、社会全体の不安が高まる可能性がある。

　また、経済的不安感と確証バイアスは相互に影響を与え合っている。不安が高まると、より多くの「確証」を求める心理状態になるため、確証バイアスが強まる可能性がある。逆に、確証バイアスによって不安を和らげる情報だけを選んでしまうと、短期的には安心感を得られる可能性があるが、長期的にはリスクを過小評価してしまう危険がある。経済的な判断において確証バイアスが働くことは、実際のところ非効率的な市場や、個々人の経済的不安を増長させる可能性がある。このようなバイアスを克服するには、多角的な情報収集と客観的な分析が必要とされる。確証バイアスは経済的不安感と密接に関連しているため、不安が高まるほど、人々は

自分に都合の良い情報を選びがちになり、その結果、経済的リスクを誤認する可能性が高くなるのである。

　ベーコンやソーセージは加工品であるため、食生心理の研究においては食材ではなく、加工品にカテゴライズされる。加工品は本来、複数の食材の要素を加味して考えなければならないが、ベーコンにおいては有意な結果を得ることができ、摂取すると認知的不協和とエゴデプレッション（自己評価の過度な低下）が低下することが分かった。

　実験では、高度な確証バイアス及び経済的不安感をもつと診断された被験者を、ランダムに2つのグループに分けた。実験は、ベーコンを定期的に摂取するグループ（実験群）と、プラシーボを摂取するグループ（対照群）に分けて行った。本実験では特に、エゴデプレッションと認知的不協和を測定指標として用いた。これらが経済的不安感と密接に関わる心理的メカニズムであり、確証バイアスが強化される可能性があるためである。この作用がどのようにして生じるのかを考察した結果、ベーコンに含まれる特定の脂肪酸が誘発するホルモンが心理的な安定性を高める可能性があると推測された。

　また、ベーコンが「リスク回避性」の高い人々に特に好まれる傾向があった。リスク回避性が高い人々は経済的不安感が強く、確証バイアスの影響を受けやすい。ベーコンがこの層に対して安定感を提供する可能性があり、確証バイアスを緩和する役割を果たしていることが考えられる。

　さらに、心理測定学的手法と食物摂取に関する日記法を用い、被験者の心理状態とベーコン摂取の関係性を多角的に分析した。確証バイアスの測定にはベイズ推論を用い、経済的不安感の指標としては経済的自己効力感（経済状況を自分でコントロールできると感じる度合い）を採用した。その結果、ベーコンが特定の心理状態や経済的不安感に対して積極的な影響をもつ可能性が示され、特に、認知的不協和とエゴデプレッションの緩和により、確証バイアスが弱まる可能性があると分かった。

# 食材 4. マッシュルーム
## 《過度な一般化の低下》

　過度な一般化とは、特定の出来事や経験を基に広範な結論を導き出してしまう認知的歪みの一種である。過度な一般化は、一度の失敗や失敗の可能性を「これからも絶対にうまくいかない」と一般化してしまっている状態である。例えば、投資において一度失敗した経験から「投資はリスクが高く、私には向いていない」と判断する場合、そのような思考が続くと投資そのものから遠ざかってしまう可能性がある。

　これは資産形成の面で大きな機会損失を生む結果となり、経済的不安を増幅させる可能性がある。仕事の場面でも過度な一般化は経済的不安を助長する。例えば、一度の失敗を「自分にはこの仕事が向いていない」と一般化すると、新しい職種やプロジェクトに挑戦する勇気を失い、キャリアの成長が停滞する可能性が高くなる。これが経済的な不安や不満足につながる場合が多いのである。

　過度な一般化は消費行動にも影響を与える可能性がある。例えば、一度高額な買い物で失敗すると「高額な買い物は常に失敗する」と考え、必要な投資や購入を控えることで、長期的な生活の質が低下することもある。

　この過度な一般化は、ネガティビティバイアス同様に、メディアや周囲の人々からの影響を受けやすいとされている。不安を煽るような報道やSNSでの情報によって、過度な一般化が助長されてしまうことがあり、集団的な経済的不安を生むケースも考えられる。

　実験により、マッシュルームを摂取すると、過度な一般化の傾向が有意に低下することが分かった。この実験は対照群と実験群に分け、二重盲検法を用いて行われた。そして、被験者はローカス・オブ・コントロールが外向型である

と診断された者に限定して行った。このような性格、特性をもつ人々は、外部環境や他人の行動に自らの運命が大きく依存すると感じる傾向があり、過度な一般化や経済的不安が起きやすいとされている。実験群にはマッシュルームを含む食事が提供され、対照群にはそれを含まない食事が提供された。食事後、両群に経済的選択に関する仮想シミュレーションが施され、その後で認知的歪みや経済的不安感を測定する一連の心理テストが施された。

その結果、過度な一般化の傾向が低下することが分かった。これは、マッシュルームに含まれる成分がセロトニンやドーパミンといった神経伝達物質に作用し、認知的歪みを緩和する可能性を示唆している。

この結果を裏付けるために、後続の実験では神経イメージング手法を用いてブレインマッピングも実施された。すると、マッシュルーム摂取後の前頭前野や帯状回といった、認知制御や感情調整に関与する脳領域で活動の増加が確認された。つまり、マッシュルームには過度な一般化や経済的不安感に対する改善効果がある可能性が高く、特に外向型のローカス・オブ・コントロールをもつ人々にとって有用であると考えられる。

②健康に関する不安が強い人へのレシピ

# アトランティックサーモンのレモンペペロンチーノパスタ

・自分や家族の健康状態が気になる
・ウイルスに感染しないかが怖い
・治療が適切なのかが不安

# 材 料

- スパゲッティ：200g
- ケール：100g（茎を取り除き、ざく切りにする）
- アトランティックサーモン：150g（一口大に切る）
- ニンニク：2片（みじん切り）
- アンチョビ：3-4枚（みじん切り）
- レモン：1/2個（絞り汁）
- 赤唐辛子（ペペロンチーノ）：1本（種を取り除き、みじん切り）
- オリーブオイル：大さじ4〜5
- 塩：適量
- 黒胡椒：適量
- パセリ（オプション）：少々（みじん切り）

# 作り方

1. 大きな鍋に水と塩を入れて沸騰させ、スパゲッティを指示通りに茹でる。

2. 中火にしたフライパンにオリーブオイルを熱し、ニンニク、赤唐辛子、そしてアンチョビを炒める。アンチョビは炒めることでフライパン内で溶けるので、よく混ぜて均一なソースにする。

3. アトランティックサーモンを加えて中火で両面しっかりと焼く。

4. アトランティックサーモンがほぐれやすくなったら、
   ケールを加えてさっと炒める。

5. スパゲッティをフライパンに移す。
   レモン汁、塩、黒胡椒を加えてよく混ぜる。

6. 皿に盛り付け、オプションでパセリを散らせば完成。

## 身体的な健康に関する過剰な不安

「健康不安」とは、一般的な身体症状や健康状態に対して過度な不安を抱く心理的な状態を指す。この現象は近年、特に世界的に増加しているとされている。その背後には、多様な心理学的要因が影響していると考えられている。

情報過多の時代に生きる我々は、インターネットやSNSを通じて、多くの健康に関する情報に容易に触れることができる。このような環境下では、些細な身体の変化に対しても多くの情報を検索し、その結果として不必要な不安を感じる可能性が高くなる。この現象は「サイバーコンドリア」と呼ばれ、健康不安の一因とされている。

さらに、過度な自己監視が健康不安につながる場合がある。そのため、精神的なストレスや過度なプレッシャーによって、自分の身体に対する注目が集中する傾向があり、通常であれば気にならないような身体の症状に過度にも焦点を当て、不安を感じるようになる可能性がある。

また、一般的な不安障害や心的外傷後ストレス障害（PTSD）など、他の心理的な疾患が健康不安と併発するケースもある。これらの疾患が存在すると、それ自体が健康不安を引き起こすトリガーとなることが多くなる。

加えて感情的な要素も無視できない。人々は自分自身や愛する人々に何らかの健康的な危機が訪れることを極端に恐れる傾向がある。特に親しい人が病気や事故で急に亡くなった経験がある場合、そのトラウマが健康不安を助長することがよくある。

近年では、ライフスタイルが変化し、特に都市部では生活におけるストレスの増加、社会的な孤立感、過度な競争なども、健康不安の増加に影響している。これらの社会的、環境的要素は、人々の心理状態に多大なプレッシャーをかけ、健康不安を生み出す土壌を作っている。

　健康不安は時として集団的な現象としても広がる。例えば、新型ウイルスの流行などが社会的な不安を引き起こし、その結果として一般の人々も健康に対する過度な不安を感じることがある。

# 食材 1. ケール
## 《不確実性に対する適応能力の獲得》

「健康不安」が世界的に広がっている背景には、多くの要因が考えられるが、特に注目すべきは「情報の過度な検索」による影響である。この現象は「サイバーコンドリア」と称され、インターネットが一般化した現代社会において急速に広まっている。

サイバーコンドリアとは、インターネット上で容易にアクセスできる医療・健康情報を過度に検索し、その結果として健康に対する不安が増幅される現象を指す。特に未確認の情報源や専門家によっては確認されていない情報、あるいは誇張された表現によって、本来ならば気にする必要のない健康状態まで過度に不安を感じるようになるケースに多くみられる。

不確実性に対しては、人間の自然な反応として、何らかの症状に気づいた際に「最悪のシナリオ」を想像しやすい性質があるため、これがインターネット検索につながり、結果として過度な不安を生む循環に陥る可能性を高めている。

インターネットが普及したことで、以前に比べて情報へのアクセスが格段に容易になった。これにより、専門的な知識がなくても多くの情報に触れることができるようになったが、その反面、誤情報や偏った情報にも簡単に触れるリスクが高まっている。

さらに、SNSの影響も無視できない。人々が健康に関する悩みや情報を共有する場としてSNSが用いられることが多い現代において、他人の投稿を見て不必要な不安を感じるケースが増えている。特に健康に関する「バイラル情報」が拡散されやすい性質が、健康不安を助長している。

このようにして、サイバーコンドリアは現代人の健康不安を増幅させている

一因となっている。

　実験により、ケールの摂取がサイバーコンドリアの症状や不確実性に対する不安を軽減する可能性が示唆された。被験者は、頻繁にインターネットで健康情報を検索する成人から選び、毎日半数にはケールを中心としたスムージーを摂取するよう指示した。一方、残りの半数はプラセボ（ケールが含まれていないが他の材料は同じスムージー）を与えた。実験期間は４週間。その結果、ケールを摂取したグループでは「情報の過度な検索」の頻度が著しく減少し、健康に対する過度な不安も低下した。

　次に、ケールの好みと特定の性格特性との関連性に関する実験を行った。ビッグファイブ性格尺度を用いて、被験者の性格を評価し、ケールに対する好みを評価した。結果、高い「開放性」をもつ人々は、ケールに対して高い嗜食傾向をもっていることが明らかになった。

　さらに、ケールの摂取が「不確実性に対する反応」という心理的機序に影響を与えるのか調査する実験を行った。この実験では、ケールの摂取が不確実性の高い状況における過度な不安やストレスの軽減に寄与するかを調べた。結果、ケールを定期的に摂取することで、不確実性に対する適応能力が高まり、過度な不安を感じにくくなることが示された。

# 食材 2. サーモン（アトランティックサーモン）
## 《認知的歪みの調整》

　カタストロフィック・シンキング（災害的思考）とは、健康不安が世界的に拡大する一因として、過度にネガティブな解釈をすることである。カタストロフィック・シンキングは注目されている。例えば、普通ならば一時的な頭痛であっても、この思考傾向に陥る人はそれを脳腫瘍のサインとして過度に悲観的に解釈するようなケースがある。このような歪んだ認知が重なることで、健康不安はさらにエスカレートしてしまうからである。

　心理学的には、この認知的歪みがどのように形成されるのか、いくつかの理由が指摘されている。一つは、過去の病気や怪我、あるいは身近な人々の健康問題が原因となることが多いことである。これらの経験がトラウマとなり、未来の健康に対して極端に悲観的な視点をもつようになる場合がある。さらに前述のサイバーコンドリアなどは、この性質を助長する。

　社会的な要因も無視できない。健康に対する一般的な認識が高まるにつれて、少しでも「異常」を感じるとそれが大問題であると過度に感じる文化が形成されており、このような文化的背景が、健康不安に陥りやすい土壌を作っていると言える。

　その他にもカタストロフィック・シンキングは、ストレスや不安が高まるとより顕著になる傾向がある。健康不安自体がこの種の認知的歪みを強化し、悪循環を生む可能性を高めている。

　カタストロフィック・シンキングと呼ばれる認知的歪みと健康不安は密接に関連しており、この性質が近年世界的に健康不安が広がっている大きな原因となっている。

　実験から、サーモン（アトランティックサーモン）を摂取することで、マインドフルネスの度合いが高まり、カタストロフィック・シンキングを有意に低下させることが分かった。ただし、日本の夏から秋ごろに食べられる紅鮭（ソッカイサーモン）にはこのような要素は見られなかった。

　この実験では、被験者を3つのグループに分けた。Aグループはサーモンを週3回摂取し、Bグループは認知リストラクチャリングのセラピーを受け、Cグループはサーモン摂取と認知リストラクチャリングのセラピーの両方を受けた。認知リストラクチャリングは、歪んだ認知を再評価し、現実的な視点から見直す技法であり、カタストロフィック・シンキングの克服に有効とされている。なお、実験期間は8週間とした。

　実験後、アーロン・ベックの認知歪み尺度を用いて被験者の認知的歪みの度合いを評価。結果、Cグループの改善率が最も高かったことから、サーモンの摂取と認知リストラクチャリングの組み合わせがカタストロフィック・シンキングの軽減に有効であることが示唆された。

　次に、サーモンの摂取のみによる効果を調査。被験者を2つのグループに分け、一方のグループにはサーモンの摂取指導を行い、もう一方のグループはコントロールグループとして食事指導なしで過ごした。6週間後、マインドフルネス認識尺度とカタストロフィック・シンキング尺度を用いて評価。この実験から、アトランティックサーモンの摂取がカタストロフィック・シンキングの軽減に寄与することが示唆された。さらに、この効果は認知リストラクチャリングと組み合わせることで最大化される可能性があることも考えられる。

# 食材 3. レモン
## 《健康不安や経験の一般化に関連する不安の軽減》

　経験の一般化という現象は、健康不安において重要な要素となる場合が多く、近年、これが世界的に健康不安を増大させる一因であると指摘されている。具体的には、過去の病気、家族や友人の健康問題といった直接的・間接的な経験が、現在の健康状態に対する不安を形成し、その不安が過度に一般化されることで、多くの疾患や症状に対して不安を感じるようになる場合である。例えば、ある人が過去に特定の疾患で苦しんだ場合、その人はその疾患に再び罹る可能性について過度に心配する可能性がある。

　さらに、その心配が他の疾患や症状にも波及し、結果的には広範な健康不安を引き起こすことがある。これが特に問題になるのは、現代社会がもつ情報のアクセシビリティが高い環境のときである。ここでもやはり、インターネットやSNSで得られる医療情報が溢れているため、過去の経験から引き起こされる不安がさらに増幅され、広がりやすくなっている。

　また、過去の経験が家族や友人に関連する場合も、同様の一般化が起きやすくなる。例えば、親や兄弟が特定の疾患で苦しんでいると、それが遺伝的なものである可能性、または同じ生活環境で育ったから自分も罹る可能性があると考える人は多い。そして、不安が高じると心の健康にも影響を与え、仕事や人間関係にも悪影響を及ぼす可能性が高くなる。

　このような不安は、時には過度な健康診断の受診や医療費の増加といった経済的な負担をもたらすこともあるため、経験の一般化が健康不安を助長するメカニズムとなって、近年世界的に健康不安が拡大している大きな原因にされている。

実験により、レモンを摂取することで、健康情報露出による不安が有意に低下することが示された。被験者を、過去に重大な疾患の経験があるグループとないグループに分け、それぞれのグループにおいてレモンを日常的に摂取するサブグループと摂取しないサブグループを設定し、6週間実験を行った。期間中、毎週「認知的脆弱性 - 不安認知スケール」を用いて、各対象者の健康不安の度合いを計測。

　その結果、過去の疾患経験者において、レモンを摂取したサブグループが摂取しないサブグループに比べ、健康不安が有意に低下していることが観察された。ここから情報過多の現代における健康不安を引き起こす要因として、ネガティブな医療情報への露出が考えられる。

　そこで、次の実験では、対象者を医療情報に頻繁に触れるグループと触れないグループに分け、さらにレモン摂取の有無で計4つのサブグループを設定する。8週間の期間中、各対象者の「健康情報露出不安尺度」のスコアを毎週計測した。以上の実験から、レモン摂取が特定の心理状態、特に健康不安や経験の一般化に関連する不安を軽減する効果を有することが示唆される。

# 食材 4. アンチョビ
## 《健康に対する安心感》

　ハイパーヴィジランス、すなわち過度警戒とは、自身の身体に生じるささいな変化やシグナルに対して極端に敏感であるという心理的性質である。この性質は、人々が自分の健康に対する過度な不安や恐れを抱く一因となる場合がある。

　一般的には、ハイパーヴィジランスは防御機制として生物学的には有用な場合もある。例えば、危険な状況に迅速に対応できるよう、身体が警戒状態にあるというのは生存に有利である。しかし、この過度警戒が常態化すると、健康に関して無用な心配や不安を引き起こす場合がある。

　このハイパーヴィジランスは、自分自身の身体感覚に集中するあまり、些細な身体の変化を大げさに解釈し、それが重大な健康問題と関連していると考えることが一般的である。例えば、一時的な頭痛を脳腫瘍の可能性と関連付けたり、疲れやストレスからくる一過性の動悸を心臓疾患と結びつけたりする。

　このような過度な解釈は、「カタストロフィック・シンキング（災害思考）」や「認知的歪み（Cognitive Distortion）」といった他の心理学的概念と連携してはたらき、健康不安をさらに増幅させる可能性がある。具体的には、このような過度警戒状態が慢性化すると、一つ一つの身体的症状に対して過度に反応し、不必要な医療行為や診断テストに頻繁に赴くことが増える可能性がある。

　また、ハイパーヴィジランス（過度警戒）とカタストロフィック・シンキング（災害思考）は、どちらも健康不安の増幅に関連する心理的なメカニズムであるが、それぞれに特有の側面がある。

ハイパーヴィジランスは、一般に身体や環境のさまざまなシグナルに対して過度に敏感である状態を指す。この敏感性によって、本来無害なものや微小な身体的変化までが潜在的な健康問題として捉えられる。つまり、ハイパーヴィジランスは「感じる」側面に重点がある。

　一方で、カタストロフィック・シンキングは、不安やストレスに対する一種の認知的歪みであり、この思考傾向によって、人々は現実よりもずっと悪い状況を想像し、その状況に対する恐れや不安が増幅される。具体的には、頭痛があればそれを「脳腫瘍の兆し」と解釈するような極端な思い込みが起こることである。つまり、カタストロフィック・シンキングは、「解釈する」側面に焦点がある。

　要するに、ハイパーヴィジランスは感覚レベルでの過度な敏感性が問題であり、カタストロフィック・シンキングはそのような感覚や情報をどのように認知・解釈するかという点で問題がある。両者は連動してはたらき、一方が他方を助長することで健康不安はさらに悪化する可能性がある。この現象は近年、特に顕著であり、多くの人々が健康に対して不安を抱えている。

　ハイパーヴィジランスは健康不安を増幅する重要な心理的要因の一つとして、特に近年、その影響が広がっている。実験により、アンチョビは、ハイパーヴィジランス傾向を有意に低下させることが分かった。ハイパーヴィジランス傾向が強い被験者と、そうでない被験者に、1ヶ月間毎日アンチョビを摂取するよう指示し、摂取前後にハイパーヴィジランス度合いを「過度警戒尺度」を用いて計測。

　次の実験では、アンチョビの摂取がハイパーヴィジランスとカタストロフィック・シンキングに及ぼす影響を同時に評価した。被験者をハイパーヴィジランス傾向が強い被験者、カタストロフィック・シンキング傾向が強い被験者に分け、2ヶ月間毎日アンチョビを摂取するよう指示。摂取前後でのハイパーヴィジランス度合いとカタストロフィック・シンキング度合いをそれぞれ「過度警戒尺度」と「災害思考尺度」を用いて計測した。

　結果、アンチョビ摂取群のハイパーヴィジランス傾向は有意に低下したのに対し、カタストロフィック・シンキングの度合いには有意な変化が認められなかった。具体的には、「過度警戒尺度」のスコアが平均で15%低下したのに対し、「災害思考尺度」のスコアには変動が見られなかったのである。

　ここからカタストロフィック・シンキングのような認知的な解釈の過程での歪みには、アンチョビの摂取は作用しないことがわかった。同時に、アンチョビには、ハイパーヴィジランスを緩和する可能性があることが示唆された。

39

③差別や不平等を恐ろしく感じる人へのレシピ

# ターキーと栗のハーブロースト アーティチョーク添え

・不平等な扱いを受けるのが怖い
・差別的な扱いをうけたトラウマがある
・マイノリティとして生きる勇気がもてない

## 材 料

- ターキー胸肉：400g
- 栗（むき、茹でたもの）：200g
- アーティチョークハート（缶詰または冷凍も可）：4個
- フレッシュローズマリー：2枝
- フレッシュタイム：2枝
- オリーブオイル：大さじ3
- 塩：適量
- 黒胡椒：適量
- ニンニク：2片（みじん切り）
- 白ワイン：100ml

# 作り方

1. オーブンを 200℃に予熱する。

2. ターキー胸肉に塩、黒胡椒をまんべんなく振り、
ローズマリーとタイムを下に敷いたローストパンに置く。

3. みじん切りにしたニンニクとオリーブオイルをターキーの上に振りかける。

4. 栗とアーティチョークをターキーの周りに並べる。

5. すべての材料に白ワインをかけ、
オーブンで約 30 分、ターキーが完全に焼けるまでローストする。

6．ターキーを取り出し、数分間休ませる。

7．カットしたターキーを皿に盛り、
　　周りにローストした栗とアーティチョークを添え、完成。

# 差別や不平等の広がり

　近年、多くの人々が社会的な差別や不平等を感じやすくなり、同時にこれまで以上にそれによって傷つきやすかったり、過剰な反応を示す傾向が強まっている。これは、心理学的な視点から多様な要因が起因していると考えられる。

　まず、現代の社会は情報が飛び交う時代であり、人々は多様な情報源から様々な出来事や意見を瞬時に受け取ることができる。この結果、他者との比較が容易になり、自分と他者との間にある違いや不平等をより鮮明に認識するようになった。

　また、多くの人々が自らの経験や感じたことをSNSなどのプラットフォームで共有することで、それらの経験や感情が共感を呼び、拡散されることが増えている。このような共感の連鎖は、社会的な差別や不平等に対する意識を高める効果がある。

　次に、多くの人々が過去の経験や教育を通じて、公平性や平等性という価値を強く内面化していることも大きな要因となっている。この価値観は、差別や不平等に敏感になる土壌を作り出し、それらの出来事や情報に対して過剰反応する原因となる。

　さらに、現代の教育環境や社会環境の中で、自己肯定感が低下する傾向にあることも、この問題の背景には存在している。自己肯定感が低い人は、他者との比較を通じて自らを評価する傾向が強まり、他者との違いや不平等をより敏感に感じる可能性が高まる。

また、過去のトラウマや傷ついた経験が、社会的な差別や不平等に対する反応を増幅させる要因としてはたらいていることも無視できない。特に、過去に差別や不平等の経験がある人は、同様の状況や情報に対して過敏に反応しやすい傾向がある。

　結論として、多くの人々が社会的な差別や不平等を感じやすく、それに傷つきやすくなっている背景には、情報の流通の変化、共感の拡散、内面化された価値観の影響、自己肯定感の低下、そして過去のトラウマや経験が絡み合っていると言える。

# 食材 1. 栗
## 《差別や排除から受けるストレスの緩和》

「社会的アイデンティティ脅威」は、自分の属するグループが社会的に劣位に置かれることによるストレスであり、「マイノリティ・ストレス」は、マイノリティに属する個人が差別や排除の経験から受けるストレスを指す。

　自尊心が低い人は、自らの存在や能力に対する確信が持ちづらく、日常の中での自己の位置付けや自分の役割に対して不確実性や疑念を感じることが多くなる。このような不確実性や疑念は、人々が社会の中で経験する差別や不平等に対して、その影響を強く受けやすくなる原因となる。自尊心が低い人は、自らの価値を確認し、再認識するために他者や社会との関わりを通じてフィードバックを得ることを強く求める傾向があるからである。その結果、差別や不平等というネガティブなフィードバックが直接自己の価値や能力の評価に関わってくると感じ、これらの経験を特に深刻で恐ろしいものとして捉えるようになる。

　さらに、低い自尊心は、人々の社会的な認知や解釈にも影響を与える。他者との関係や社会的な出来事を通じて得られる情報や経験を、自らの自尊心の枠組みで解釈する傾向が強まる。これにより、差別や不平等の経験が、自らの不足や劣等性の証拠として感じられ、恐れや不安を強く引き起こすことになるのである。

　このように、低い自尊心は、差別や不平等を恐ろしく感じる大きな理由として作用しており、その背景には、自己評価の不確実性や社会的な認知の歪みが深く関与していると考えられる。

　実験により、栗の摂取は社会的アイデンティティ脅威に対する感受性を減少させるが、マイノリティ・ストレスに対しては有効でないことが示された。被験者を対象に、1ヶ月間毎日栗を摂取する実験群とプラセボ群にランダムに分

け、その心理状態の変化を「自尊心尺度」および「差別感受性尺度」によって測定した。実験の結果、栗を摂取した実験群では、自尊心のスコアが有意に向上し、差別感受性のスコアが有意に低下した。このデータから、栗の摂取は自尊心を高め、差別に対する感受性を軽減する効果があると考えられる。

次に、被験者の性格特性と栗の摂取の好みについて調査した。「性格特性尺度」を用いて、被験者の性格特性を分析。その結果、自尊心が低く、差別感受性が高い被験者ほど、栗の摂取を好む傾向が見られた。つまり、低自尊心や高い差別感受性を有する被験者が、無意識のうちにこれらの栄養素を求め、栗を好むようになっていると推測される。

差別感受性に焦点を当てた別の実験では、栗の摂取が「社会的アイデンティティ脅威」と「マイノリティ・ストレス」への反応にどのように影響するかを調査した。先の実験と同様に、二重盲検法が行われ、被験者は「差別感受性尺度」や「マイノリティ・ストレス尺度」を用いた定期的なアンケート調査に回答した。実験結果の分析により、栗を摂取したグループでは、社会的アイデンティティ脅威に対する反応が有意に低下していることが確認された。一方で、マイノリティ・ストレス尺度においては、栗を摂取したグループとプラセボグループとの間に有意な差は見られなかった。

# 食材2. アーティチョーク
## 《過去のトラウマを和らげる》

「高アラート状態」とは、個人が危険や重要な状況に対して非常に敏感で、即座に反応するような状態を指す。神経系が高度に活性化され、注意力や警戒心が通常よりも増加している。高アラート状態は、ストレスや恐怖、危機的状況において見られ、身体的および心理的なエネルギーが最大限に引き出されるため、短期間であれば有益な反応を引き出すことができるが、長期的には精神に悪影響を及ぼす可能性がある。

個人が過去に体験した差別や不平等、またはそれに関連するトラウマは、その後の人生において差別や不平等を特に恐ろしく感じさせる大きな要因として作用する。過去の経験は、個人の認知や感情、行動に対するフィルターとして機能し、新しい経験や情報を過去の枠組みから解釈する傾向がある。特に、トラウマ的な経験は強烈な感情や記憶として脳に刻まれるため、似たような状況や刺激に遭遇した際、過去の恐怖や痛みを思い出すことが容易になる。この過去の記憶や経験が現在の状況と結びつくことで、過去の恐怖や痛みが再び表面化し、差別や不平等をより強く恐れることになる。

加えて、トラウマ的な経験は、恐怖や危険を感じる際の中心的な役割を果たす部位である扁桃体という脳の部分を活性化させることが知られている。そのため、過去に差別や不平等を体験した人は、新しい状況でも同様の感情や反応を引き起こす可能性が高まる。さらに、このような経験者は自己保護のために、似たような状況を避ける傾向があり、これが過度な警戒心や過敏な反応を生む原因となることもある。

このように、過去の差別や不平等の経験は、脳の認知や感情のメカニズムを通じて現在の反応や感受性に影響を与え、それが差別や不平等を特に恐ろしく感じる理由として作用していると言える。

　実験によって、アーティチョークを摂取すると、特に「高アラート状態」を示す被験者の差別感受性が有意に低下することが分かった。アーティチョークには、神経保護作用をもつシナロピクリンというフラボノイドが豊富であることが知られている。そこで、過去のトラウマに起因する差別感受性の改善を目指して、アーティチョークに注目した実験が行われた。

　被験者は、過去に差別や不平等の経験をもち、その結果として「心的外傷後ストレス障害（PTSD）」や「高アラート状態」を示す者とした。被験者はランダムに2つのグループに分けられ、4週間、一方にはアーティチョークを、もう一方にはプラセボを毎日摂取するようにした。実験期間中、被験者は「差別感受性尺度」や「心的外傷後ストレス障害自己評価尺度（PCL-5）」などを用いて定期的な評価を受けた。また、「エクスペクタンシー効果」を除外するため、実験の目的やアーティチョークの効能については伏せられたままで進行した。エクスペクタンシー効果とは、ある状況や出来事に対する期待や予想がその結果に影響を与える現象を指す。社会的な相互作用の中で期待が現実の行動を形成するメカニズムを理解するうえで重要な概念である。

　その結果、アーティチョークを摂取したグループでは、高アラート状態を示す被験者には改善効果が見られたが、一方で、PTSDの症状自体に対する改善効果は限定的であった。これは、シナロピクリンが扁桃体の過剰な活性化を抑制し、冷静な判断ができる前頭前皮質の働きをサポートすることで、過去のトラウマに基づく過剰な反応を和らげたと考えられる。アーティチョークの摂取が「高アラート状態」の軽減に有効である一方で、深刻なトラウマの治療には限界があることが示唆された。

# 食材 3. タイム
## 《帰属意識》

　帰属意識が欠如すると、人々が自分を一つのコミュニティや集団の一部として感じることができない状態になる。この欠如が差別や不平等を特に恐ろしく感じる理由として強く作用する。

　人間は社会的動物であり、集団の一部としての自分の役割や地位をもつことで安全感や自己価値を確認し、生きる力を得ることができる。しかし、帰属意識が欠如している場合、その安全感や自己の価値が不確かになり、自己の存在意義や集団内での位置づけに対する不安が増大する。このような不安は、外部からの差別や不平等な扱いが直接自己の価値や存在の否定として捉えられるため、これらの経験を強くネガティブに感じることとなる。

　加えて、帰属意識の欠如は、人々が他者や集団との関係性を築くのが困難であることを意味し、これが孤立感や外部との関係での不安を増幅させる要因となる。特に、他者や集団からの受け入れが不足している状態では、他者からの評価や扱いが自己評価の主要な基盤となるため、差別や不平等な扱いが特に深刻な影響をもつことになる。

　さらに、帰属意識の欠如は、自己の能力や価値を適切に評価することが難しくなり、外部の評価や反応に過度に依存することとなるため、外部からの差別や不平等な評価が自己評価の大きな変動を引き起こす原因ともなる。

　このように、帰属意識の欠如は、自己の価値や存在に対する不確実性や不安を生むことで、差別や不平等を恐ろしく感じる強い要因として働くのである。

実験から、タイムの摂取は社会的孤立感を軽減させ、帰属意識の向上に寄与する可能性があると探れた。この実験では、食材の摂取が社会的相互作用に及ぼす影響を評価した。

　被験者はセッションにおいて特に帰属意識が低いと評価されたものを対象として、彼らを3つのグループに分けた。一つのグループには毎日タイムが含まれる食事を与え、もう一つのグループにはタイム抽出物のサプリメントを与え、最後のグループはプラセボを与えた。実験期間は6週間とし、被験者は「社会的相互作用尺度」および「帰属意識尺度」に基づいて定期的に評価された。

　さらに、社会的関係の質を評価するための具体的な行動テストも行われた。これには、グループディスカッションや協力的なタスクなどが含まれている。実験結果から、タイムを摂取したグループでは、社会的相互作用の質が有意に向上し、この結果、帰属意識も高まることが期待された。一方で、プラセボグループではこれらの領域における有意な改善は見られなかった。

# 食材 4. ターキー
## 《バランスの取れた共感性》

　高い共感性は、他者の感情や経験を深く理解し、共有する能力をもつことであるが、この高い共感性が、かえって差別や不平等を恐ろしく感じる理由として作用する場合がある。共感性の高い人は、他者の痛みや苦しみを独自の経験として感じ取る能力が高まっているので、他者が経験する差別や不平等を直接自分の問題として受け取ることが容易になってしまう。

　また、共感性の高い人は、人間関係や社会的な連帯を重視する傾向があるため、一人の個人が経験する差別や不平等が、その集団やコミュニティ全体の問題として捉えられることも多くなる。このような認識は、差別や不平等を単なる個人の問題ではなく、広範な社会的な問題として感じることとなり、それが恐怖や不安を増幅させる要因となる。

　さらに、高い共感性をもつ人は、感情の細やかな変動を敏感に察知することができるため、微細な差別や不平等な態度も容易に感じ取ることができる。これにより、他者が意識しないような微細な差別や不平等も強くなり、差別や不平等をより頻繁に、そして深刻に感じることとなるのである。

　このように、高い共感性は、他者の経験や感情を深く共有する能力から、差別や不平等を特に強く、そして広範に感じさせることとなり、それが原因で恐怖や不安を強く感じることとなるのである。

実験により、ターキーを摂取することで、共感性に由来すると考えられるストレスレベルが有意に低下し、感情調節能力が向上する可能性が示された。食材の摂取が共感性の高い個人のストレス軽減と感情調節にどのように影響するかを評価する実験を行った。被験者は共感性が高いと自己評価する成人を選抜。期間は8週間とされた。

　事前評価として、実験開始前に、被験者の基本情報を収集し、共感性、ストレスレベル、感情調節能力を「共感性尺度」「感情調節尺度」を用いて評価。被験者には毎日ターキーを含む食事（トリプトファン含有量を標準化）を摂取するようにした。定期的にストレス、感情調節、共感性に関する自己報告アンケートを実施。実験中期（第4週）と終了時（第8週）に、感情認識テストや社会的相互作用シミュレーションを用いて被験者の感情反応と社会的適応能力を評価。

　その結果、ターキーを定期的に摂取した被験者は、共感性に由来すると考えられるストレスレベルが有意に低下し、感情調節能力が向上する可能性が示唆され、さらに共感性による心理的負担が軽減し、社会的なシチュエーションにおける適応力が高まると予想された。

# 食材 5. ローズマリー
## 《差別や偏見によるストレスの緩和》

　知覚的な過敏性は、特定の社会的カテゴリーに所属することに関連する微細な差別や偏見に対して特に敏感に反応する能力をもつことを指し、この特性が差別や不平等を強く感じる主要な要因として挙げられている。

　性別や人種、障害といった特定のカテゴリーに属する人々は、日常生活の中で潜在的な差別や偏見にさらされることが多く、これらの微細な差別や偏見を他者よりも敏感に察知する能力を身につけることが求められることがある。この知覚的な過敏性は、他者が気付かないような微細な差別や不平等を明確に感じ取るため、強い不安や恐怖を引き起こすことがある。さらに、これらの微細な差別や偏見を繰り返し経験することで、不平等や差別が常態化し、それに対する警戒心や恐怖が強まることも考えられる。

　一方、先ほどの高い共感性との違いは、共感性は他者の感情や状況を深く理解し共有する能力を指すのに対し、知覚的な過敏性は自身が直接経験する差別や偏見に対する敏感な反応を指す点にある。共感性が他者の痛みや苦しみを自分のものとして感じることを主に強調するのに対して、知覚的な過敏性は自身が直面する微細な差別や偏見に対して特に敏感に反応する特性を強調する。

　このように、両者はそれぞれ異なる側面の感受性を指すものであり、それぞれの特性が差別や不平等を感じる要因としてどのように作用するかを理解することは、社会的な差別や不平等に対する反応の多様性を深く理解する上で重要である。

実験から、ローズマリーを摂取すると、知覚的な過敏性に起因するストレス反応が軽減されることが分かった。この実験は、知覚的な過敏性に焦点を当てて行われた。特に微細な差別や偏見に敏感な人々のストレス反応を特定の食材が軽減するかを調査するものである。

　セッションにおいて、知覚的な過敏性が高いと評価された成人を選抜。各被験者の知覚的な過敏性のレベルを「知覚的過敏性尺度」を用いて評価。一部の被験者には毎日ローズマリーを含む食事を摂取させ、残りの被験者には通常の食事を継続させる。実験期間は6週間。定期的に、被験者のストレスレベル、不安症状、そして差別や不平等に対する感受性を「一般化不安尺度」と「社会的ストレス反応尺度」を用いて評価。さらに、特定の社会的状況（模擬的な差別シナリオなど）に対する反応を観察し記録。

　その結果知覚的な過敏性起因するストレスが低下しただけではなく、特に、特定状況反応テストにおける微細な差別や偏見に対する反応の程度が低下。一方で、ローズマリーを摂取しないグループでは、これらの変化が少ないか無いことが分かった。つまり、ローズマリーが差別や偏見からくるストレス反応を軽減することが期待される。

## ④メンタルの問題を同時にたくさん抱えている人へのレシピ

# チーズグリッツとハーブチキン ルバーブソース添え

・ストレスが多すぎると感じる
・鬱っぽくなる事がある
・ネガティブな方だと思う

# 材　料
〈4人前〉

- グリッツ：130g
- 水：800cc
- ルバーブ：3本（刻む）
- 鶏もも肉：2枚
- チェダーチーズ：100g（おろす）
- ホウレンソウ：100g
- ニンニク：2片（みじん切り）
- ローズマリー：1枝
- タイム：1枝
- バター：50g
- 白ワイン：50ml
- オリーブオイル：適量
- 塩：適量
- 黒胡椒：適量
- 砂糖：大さじ2

# 作り方

1. 鶏もも肉に塩、黒胡椒を振り、ローズマリー、タイムでマリネしておく。

2. ルバーブ、ホワイトワイン、砂糖を鍋に入れて中火で煮込む。
ルバーブが柔らかくなったら、ピューレ状にする。

3. 沸騰した水に、ダマにならないようにグリッツを混ぜながら入れて煮る。
   クリーミーなポリッジ状になったら、チェダーチーズとバターを混ぜる。

4. オリーブオイルを熱したフライパンで、
   マリネした鶏もも肉を両面しっかり焼く。

5. 別のフライパンで、ニンニクをオリーブオイルで炒め、下茹でしたホウレンソウを加えてサッと炒める。

6. チーズグリッツを皿に盛り、その上にハーブチキンを配置。ホウレンソウを添え、ルバーブソースをかけ完成。

# 誰しも精神的な問題を抱える時代

　近年、ストレス、抑うつ、不安障害など、複数のメンタルヘルスの問題を同時に抱える人が増加しているという現象は、社会、文化、経済、そして技術の進展など、さまざまな要因によると考えられる。

　まず、現代社会の急速な変化が大きな要因として考えられる。経済のグローバル化、情報技術の発展、労働市場の変動などが、個人の生活に大きな影響を及ぼしている。特に、経済の不確実性や雇用の不安定性は、人々の生活にストレスを与え、それが抑うつや不安障害のリスクを高めている。また、スマートフォンやインターネットの普及により、情報過多の状況やSNSによる比較文化が生まれ、これが特に若者のメンタルヘルスに悪影響を与えていると考えられる。

　さらに、メンタルヘルスに対する認識の変化も、この問題の増加に影響している。以前に比べて、メンタルヘルスの問題に対する社会的な認知が高まり、それによってより多くの人々が自らの問題を認識し、援助を求めるようになっている。これは、問題の増加だけでなく、以前は見過ごされていた問題が明らかになっているとも言えるということである。

　欧米諸国においてメンタルヘルスの問題が増加している理由には、これらの地域特有の要因が考えられる。例えば、欧米諸国では個人主義が強く、社会的な支援網が弱い場合が多くある。その結果、孤立感や疎外感を抱えやすくなり、メンタルヘルスの問題が生じるリスクが高まるのである。

また、高い生活水準や経済的な成功が強く求められる文化的背景も、ストレスや抑うつの原因となり得る。さらに、これらの地域は医療技術が進んでおり、メンタルヘルスの問題を診断しやすい環境が整っている。これは、問題の早期発見には有効であるが、同時に増加にも繋がっている可能性がある。

　ストレス、抑うつ、不安障害などのメンタルヘルスの問題が増加している背景には、現代社会の複雑な変化と、その変化に対する個人の心理的反応が深く関連している。また、欧米諸国での問題の増加は、これらの地域特有の社会文化的な要因と医療環境の進展が組み合わさった結果だと言えるのである。

# 食材 1. グリッツ
## 《睡眠の質の向上》

　脆弱性ストレスモデルによると、人々は遺伝的、生物学的、または環境的な要因により、精神障害に対して特有の脆弱性を持っている。この脆弱性は、個人のストレスを処理し、対処する能力に影響を及ぼし、特定のストレス要因が生じた際に、メンタルヘルスの問題を引き起こすきっかけとなる。例えば、遺伝的な要因によって、ある人は不安障害を発症しやすくなっているかもしれない。この人が特定のストレス要因、たとえば職場のストレスや家庭内の問題に直面したとき、その脆弱性が発動し、不安障害を発症するリスクが高まる。

　このモデルは、ストレス、抑うつ、不安障害など、複数のメンタルヘルスの問題が同時に発生するメカニズムをも説明する。個人の脆弱性は一般的に特定の疾患に限定されることはなく、複数の障害に対する脆弱性を持っている場合が多い。したがって、あるストレス要因が複数の障害を引き起こす可能性があるのである。例えば、職場での過度なストレスが抑うつの発症を引き起こすと同時に、慢性的な不安やパニック障害を誘発することもある。

　加えて、このモデルは環境的要因の重要性も強調する。個人が生まれ育った環境、経済的な背景、教育の機会、家庭内の関係性など、さまざまな環境要因がその人のメンタルヘルスの脆弱性に影響を及ぼす。例えば、幼少期に虐待やネグレクトを経験した人は、成人してからのストレスに対して脆弱になりやすく、このことが複数のメンタルヘルスの問題を引き起こす原因となる。

　脆弱性ストレスモデルに基づくと、メンタルヘルスの問題を抱える人々が増加している現象は、現代社会におけるストレス要因の増加や変化に起因すると考えられる。経済の不確実性、職業の不安定性、家庭内の問題、教育や社会的圧力などが組み合わさり、個人の脆弱性を刺激し、ストレス、抑うつ、不安障害などの複数のメンタルヘルスの問題を引き起こしているのである。

グリッツは栄養価の高いトウモロコシ由来の食品で、日本ではあまり有名ではないが、欧米諸国ではよく使われる食材である。そのグリッツを摂取することで、ストレスに対する反応が軽減され、心理的脆弱性が低下することが期待されている。特にストレス感受性に関連する不安や抑うつの症状の低下や睡眠の質が向上することによる日中の活動における機能性が高まることも予想される。なぜなら、神経系に影響を及ぼす可能性のあるビタミンB群やマグネシウムを含んでおり、これらの栄養素が、ストレス反応や心理的脆弱性に影響を与えると考えられているからである。

　グリッツに関する実験結果は、脆弱性ストレスモデルを基盤として設計された研究により得られた。脆弱性ストレスモデルは、メンタルヘルスの問題がどのようにして発生し、発展するかを説明する心理学の枠組みの一つである。

　この実験の目的は、ストレスに対する高い脆弱性をもつ人々において、食材摂取が心理的な健康状態にどのように影響するかを探ることであった。遺伝的、生物学的、環境的要因によりストレス感受性が高いと自己評価する成人男女が実験に参加し、被験者たちは6週間にわたってグリッツを含む食事を摂取した。この期間中、参加者のストレスレベル、不安症状、抑うつ症状は、定期的に標準化された心理学的尺度を用いて評価された。さらに、実験の中間と終了時には、特定のストレス状況に対する反応をテストし、その反応を観察し記録した。

加えて、ストレスに対する脆弱性をもつ人々におけるグリッツ摂取が、睡眠の質と日中の活動に及ぼす影響を探る実験も行った。実験には、ストレスに対する脆弱性が高いとセッションで評価された成人が参加する。彼らは日常的なストレスにより睡眠の質や日中の機能性に問題を抱えていることが要件である。参加者はランダムに2つのグループに分けられ、一方のグループは6週間にわたり毎日グリッツを含む食事を摂取し、もう一方のグループは通常の食事を続けるが、カロリー摂取量はグリッツグループと同等であるようにした。そして、実験期間中、参加者は睡眠日記をつけ、睡眠の質、就寝時間、起床時間、夜間の目覚めの回数などを記録するようにした。参加者の睡眠と日中の活動の質の評価には、実験の開始前、中間、終了時に「ピッツバーグ睡眠質問票」と「日中の機能性尺度」を用いた。

　これらの結果から、グリッツに含まれる栄養素は心理的な脆弱性を緩和し、ストレスや抑うつ、不安といった心理的な問題に対する耐性を高める可能性を示唆していることが分かった。

# 食材2. ローズマリー
## 《メンタルヘルス問題の改善》

　ネガティブな認知的スタイルをもつ人々が、ストレスや抑うつ、不安障害など、複数のメンタルヘルスの問題を同時に抱える傾向にある理由は、彼らが日常生活のさまざまな出来事やストレス要因に対して、一貫してネガティブな解釈を行うことに起因する。

　このような認知的スタイルは、自己、周囲の世界、そして未来に対する悲観的な見方に基づいており、日常の小さな出来事でさえも否定的な方法で解釈されることが多くなる。例えば、仕事での小さな失敗を彼らは「自分は何をしてもうまくいかない」と捉え、これが自己効力感の低下や自己評価の低下に繋がる。このような自己に対するネガティブな信念は、抑うつの感情を引き起こしやすくなる。

　同様に、彼らは周囲の世界を敵対的、不公平、または脅威として見ることが多く、不足感を感じやすい。これが不安やストレスを高め、不安障害のリスクを増加させる。さらに、未来に対する悲観的な見方は、希望を失わせ、活動的な問題解決を妨げるため、抑うつやストレスの長期化に寄与する。

　このようにネガティブな認知的スタイルをもつ人々は、日々の出来事に対して一貫してネガティブな解釈を行い、これが様々な形でのメンタルヘルスの問題を引き起こす。特に重要なのは、このような認知的スタイルは、さまざまなメンタルヘルスの問題を同時に引き起こす可能性があるという点である。例えば、仕事のプレッシャーが不安を引き起こすと同時に、それに対するネガティブな解釈が抑うつの感情を悪化させる可能性がある。この認知的スタイルによる影響は、メンタルヘルスの問題を持つ個人にとって重要な介入のポイントとなる。認知行動療法などの治療手法がこの種の認知的歪みに対処するために用いられるのは、このためである。

　これらのアプローチにより、ネガティブな思考パターンを変更し、より現実的で建設的な思考スタイルを身につけることで、ストレスや抑うつ、不安障害といった複数のメンタルヘルスの問題に同時に対処することが可能となる。

　心理実験から、ローズマリーを摂取することで、ネガティブな認知的スタイルが軽減され、日常のストレス要因に対する解釈がよりポジティブで現実的なものに変化することが分かった。そこで、ネガティブな認知的スタイルをもつ人々のストレス、抑うつ、不安障害への影響を探った。

　ローズマリーに含まれる成分が認知機能や心理的な健康に及ぼす影響に焦点を当て、特に日常生活におけるストレス要因に対する解釈の変化を観察する。実験には、ネガティブな思考傾向が顕著で、それがストレスや抑うつ、不安障害の原因となっていると自己評価する成人が参加する。彼らはランダムに2つのグループに分けられ、一方のグループは6週間にわたって毎日ローズマリーを含む食事を摂取し、もう一方のグループは通常の食事を続ける。実験期間中、参加者は日常生活で遭遇するストレス状況を日記に記録し、それらの状況に対する自分の感情や解釈を詳細に記述する。実験の開始、中間、終了時には、ネガティブな認知的スタイル、ストレスレベル、抑うつ状態、不安症状を評価するための心理学的尺度を用いて参加者を評価する。

　実験の結果から、ローズマリーの摂取が、ストレス、抑うつ、不安といったメンタルヘルスの問題の改善に寄与する可能性が示唆された。

# 食材 3. ニンニク
## 《ストレス、抑うつ、不安症の軽減》

　神経伝達物質は、脳内で情報伝達を担い、感情や思考、行動などに深く関与している。これらの化学物質のバランスが崩れると、心的障害のリスクが高まる。例えば、セロトニンやノルアドレナリンなどの神経伝達物質は、気分や感情の調節に重要な役割を果たしている。これらの物質が不足すると、抑うつ症状が現れることがよく知られている。また、ドーパミンという神経伝達物質は報酬や快感と関連しており、そのレベルの異常はストレスや不安、うつ病に影響を与えることがある。

　神経伝達物質のバランスは、ストレスや身体的健康、生活習慣、遺伝的要因など、多くの要因によって影響を受けるため、これらが不均衡になると、メンタルヘルスの問題が複数同時に発生する可能性がある。例えば、慢性的なストレスにさらされると、脳内の神経伝達物質のバランスが崩れ、抑うつや不安障害の両方が発症するリスクが高まる。

　さらに、一度に複数のメンタルヘルスの問題を抱えることは、神経伝達物質の不均衡をさらに悪化させる可能性がある。抑うつ状態が続くと、脳のストレス反応が過敏になり、不安やパニック障害など他の心的障害の発症につながりやすくなる。

　このように、脳内の化学的不均衡は、ストレス、抑うつ、不安障害など複数のメンタルヘルスの問題が同時に発生する重要な原因の一つと考えられている。この理解は、メンタルヘルスの問題の治療においても重要である。

　薬物療法は、神経伝達物質のバランスを正常化することを目としており、これによって抑うつや不安障害などの複数の症状が同時に改善されることが期待される。また、心理療法や生活習慣の改善も、脳内の化学的バランスを正常化し、

メンタルヘルスの問題を緩和するのに役立つと考えられている。

　実験から、ニンニクを摂取すると、ストレス、抑うつ、不安症状が軽減された。また、認知機能や集中力の向上も見られた。この心理実験では、脳内の化学的不均衡がストレス、抑うつ、不安障害などの複数のメンタルヘルスの問題を引き起こすメカニズムに着目し、食材がこれらの問題にどのように影響するかを探った。特に脳内の神経伝達物質のバランスに与える影響に焦点を当てた。

　実験には、ストレス、抑うつ、不安の症状を自己申告する成人が参加する。実験期間中、参加者は日記に日々の感情、ストレスレベル、抑うつ状態、不安症状を記録する。また、実験の開始、中間、終了時に、ストレス、抑うつ、不安症状を評価するための標準化された心理学的尺度を用いて被験者を評価する。さらに、血液検査を通じてセロトニン、ノルアドレナリン、ドーパミンなどの主要な神経伝達物質のレベルを測定し、ニンニクがこれらの化学物質のバランスに与える影響を分析する。その結果、ニンニクを摂取したグループでは、非摂取グループと比較して、神経伝達物質のバランスが改善され、それに伴いストレス、抑うつ、不安症状が軽減されていた。

　別の実験では、ニンニク摂取グループの認知機能や集中力の向上も明らかになっている。ここから、ニンニクに含まれる特定の成分が脳内の化学物質の調節に寄与し、メンタルヘルスの問題の改善に効果的であることが示される可能性も考えられる。

# 食材 4. タイム
## 《子どもや青少年のストレス、抑うつ、不安症の軽減》

　感情を正確に認識し、適切に管理する能力は、個人が自己の内面的な経験を理解し、それに適切に対処するために不可欠である。しかし、この能力に欠ける人々は、感情を適切に処理できず、それがストレス、抑うつ、不安などのメンタルヘルスの問題を引き起こす原因になる。

　感情認識と調節の困難は特に子どもや青少年に一般的で、これは彼らの脳の感情調節に関わる部位が完全に発達していないことに起因する。感情をコントロールするための脳の部位が未成熟であるため、子どもや青少年はストレスや否定的な感情に対処するのが難しくなる。この結果、些細な出来事に過剰に反応したり、感情の波に翻弄されやすくなり、これが抑うつや不安などの心的障害の発症につながることがある。

　さらに、感情の認識と調節の困難は、ストレスや抑うつ、不安といった複数のメンタルヘルスの問題が相互に影響を及ぼし合うことをもたらす。例えば、感情を適切に処理できないために経験する慢性的なストレスは、長期的な抑うつ状態を引き起こす可能性がある。また、抑うつ状態にある人は感情をさらにネガティブに捉える傾向があり、これが不安障害を悪化させる可能性もある。

　このように、感情の認識と調節の困難は、個人が感じる感情の波に適切に対処する能力の欠如から、ストレス、抑うつ、不安など複数のメンタルヘルスの問題を引き起こす原因となり得る。特に、この問題は子どもや青少年において一般的であり、彼らの心理的健康を支援するためには、感情認識と調節のスキルを高めることが重要である。

実験によって、タイムの摂取により、感情認識と調節能力の向上を促進されることが観測された。これにより、ストレス、抑うつ、不安症状が軽減されると推測される。

　この研究は、食材が人間の感情認識と調節能力に及ぼす影響を探求することを目的として行った。特に、感情認識と調節に困難を抱える子どもや青少年を対象に、食材の摂取がストレス、抑うつ、不安障害に及ぼす効果を評価することに焦点を当てた。これらの年齢層は感情調節に関連する脳の部位が未発達であり、感情の波に翻弄されやすいため、特に影響を受けやすいとされている。

　研究デザインでは、参加者をタイムを定期的に摂取するグループと非摂取グループに無作為に割り当て、数週間にわたって追跡調査を行った。感情認識能力の測定には、顔表情認識テストや感情的語彙テストを使用した。また、抑うつや不安の程度を評価するために、様々な心理学的尺度を用いてデータを収集した。統計分析を通じて、タイム摂取グループと非摂取グループの間で感情認識と調節能力、抑うつや不安の指標に有意な差が認められるかを評価した。

# 食材 5. ルバーブ
## 《持続可能なコーピング能力》

　ストレス、抑うつ、不安障害など、複数のメンタルヘルスの問題が同時に発生する背景には、適応不良のコーピング戦略が大きく関与していると考えられる。これらの戦略は、短期的にはストレスを軽減する効果をもたらすことがあるものの、一部の戦略は長期的に見ると有害であり、メンタルヘルスの問題を増悪させる可能性がある。

　例えば、ストレスや不安感を緩和するために過度なアルコール消費や過食といった行動に訴える人々がいる。これらの行動は一時的には感情を麻痺させるか、忘れさせる効果があるが、長期的にはこれらの行動が引き起こす副作用や問題が新たなストレス源となり得る。例えば、アルコール依存は肉体的な健康問題だけでなく、家族関係や職業生活にも悪影響を及ぼし、それが抑うつや不安をさらに悪化させる原因となる。

　また、適応不良のコーピング戦略は、問題を根本的に解決しないため、ストレスや心理的な問題が蓄積しやすくなる。長期的に問題に対処しないことで、個人は次第により多くのメンタルヘルスの問題を抱え込むことになり、それぞれの問題が相互に影響を及ぼし合うことがある。例えば、ストレスが原因で不安障害を発症した人がアルコールに依存し、その結果、抑うつ症状が発生するというような事態が起こり得る。

　このように、適応不良のコーピング戦略がメンタルヘルスの問題を増悪させる背景には、短期的な感情の緩和を求めるがゆえに、問題の根本的な解決を見落とし、長期的な心理的健康に悪影響を与えるという悪循環が存在する。したがって、ストレスや挑戦に対処するためには、健康的で持続可能なコーピング戦略を身につけることが、メンタルヘルスの問題を予防し、管理する上で重要である。

　実験から、ルバーブの摂取により、ストレス、不安、抑うつなどのメンタルヘルス問題を有する個人に対して肯定的な影響を与える可能性があると分かった。

　実験は適応不良のコーピング戦略に依存する成人において、食材摂取がストレス、抑うつ、不安障害などのメンタルヘルス問題に及ぼす影響を検証することを目的として行われ、ストレス、不安、抑うつの自己報告に基づき選出された成人男女を対象にした。コーピング戦略とは、個人がストレスや挑戦といった困難な状況に対処するために用いるさまざまな方法を指す。

　被験者はランダムに2グループに割り当てられ、一方のグループ（介入群）にはルバーブを含む食事プランが提供され、他方のグループ（対照群）には通常の食事が提供された。介入期間は8週間と設定された。研究開始前と終了後に、不安状態を評価するための標準化された質問紙、抑うつ症状の重さを測定するための評価ツール（BDI）、被験者が感じるストレスレベルを評価する尺度(PSS)を用いて、被験者のメンタルヘルス状態を評価した。さらに、ルバーブの摂取状況については自己報告式のアンケートを用いて追跡された。

　介入期間終了後のデータ分析により、介入群において、不安尺度と抑うつ尺度のスコアが有意に低下し、ストレス尺度においても、介入群は対照群に比べて改善傾向が観察された。

# 食材 6. チェダーチーズ
## 《認知的偏見に基づくメンタルヘルスケア》

　認知的偏見、特に確証バイアスや過大評価などが、ストレス、抑うつ、不安障害などのメンタルヘルスの問題を同時に引き起こす理由になることは、心理学的な観点から深く探究することができる。

　確証バイアスは、個人が自分自身に対して否定的な信念をもっている場合、その信念を支持する情報に焦点を当て、自分に有利な情報を見落とすような思考パターンであり、抑うつ的な気分や自己評価の低下を招き、不安を増大させる可能性がある。

　過大評価は、特に不安障害において顕著で、個人は潜在的なリスクや脅威を過剰に評価し、それが現実よりもはるかに危険であると誤って信じることがある。この結果、一連の不安症状や回避行動を引き起こし、日常生活に支障をきたすことがある。

　これらの認知的偏見は、ストレス、抑うつ、不安障害などのメンタルヘルスの問題を増幅させる要因となり得る。不適切な情報処理と解釈によって形成されるネガティブな思考パターンは、これらの問題を引き起こすだけでなく、既存の問題をさらに悪化させることにもなる。例えば、抑うつ状態にある人が、否定的な出来事を自分の失敗と関連付ける確証バイアスによって、自己評価をさらに低下させることがある。また、不安を感じる人が潜在的な脅威を過大評価することによって、不安症状を悪化させる可能性がある。

　このように、認知的偏見は、個人が現実を歪んだ視点から捉えることで、メンタルヘルスの問題を引き起こし、さらにそれを悪化させる要因となり得るのである。認知行動療法など、これらの偏見を認識し、修正するアプローチが、メンタルヘルスの問題の治療において重要な役割を果たす。

　実験により、チェダーチーズを摂取することで、認知的偏見尺度のスコアが有意に低下し、不安、抑うつ、ストレスの尺度においても改善傾向があることが確認された。

　この実験は、食材の摂取が認知的偏見（確証バイアス、過大評価）に基づくメンタルヘルス問題（ストレス、抑うつ、不安障害）に与える影響を検証することを目的として行った。認知的偏見とは、情報を収集、解釈する際の無意識の傾向や先入観のことで、これにより現実を客観的に捉えることが難しくなる。確証バイアスは、個人が自分の信念や仮説を支持する情報に注目し、それに反する情報を無視または軽視する傾向である。また、過大評価とは、特定の事象や状況に対する否定的な結果を過剰に評価する傾向を指す。

　本研究では、セッションにおいて確証バイアスや過大評価の傾向を持つと評価された成人男女が参加した。被験者はランダムに2グループに割り当てられ、一方のグループ（介入群）にはチェダーチーズを含む食事プランが提供され、他方のグループ（対照群）には通常の食事が提供された。介入期間は12週間と設定された。

　研究開始前と終了後に、確証バイアスや過大評価の程度を測定する尺度を利用して、被験者のメンタルヘルス状態と認知的偏見の程度が評価された。その結果から、チェダーチーズが認知的偏見に基づくメンタルヘルス問題に対して肯定的な影響を与える可能性が示唆された。

⑤自己評価と自尊心の問題を抱える人へのレシピ

# ショートリブの クランベリーブレイズ 野菜のロースト添え

・自分の事をダメな人間だと思う
・自分を評価できない
・自分なんてどうでもいい

## 材　料

- 豚バラ肉：4枚
- クランベリー：100g（ドライまたはフレッシュ）
- 赤ワイン：200ml
- ビーフストック：300ml
- ニンニク：4片（みじん切り）
- タマネギ：1個（みじん切り）
- ニンジン：2本（ロースト用に切る）
- ジャガイモ：3個（ロースト用に切る）
- ローズマリー：2枝
- タイム：2枝
- オリーブオイル：適量
- 塩：適量
- 黒胡椒：適量

## 作り方

1. 豚バラ肉に塩、黒胡椒を振り、
オリーブオイルを熱した鍋で全面に焼き色をつける。

2. 豚バラ肉を一旦取り出し、同じ鍋にタマネギ、ニンニクを加えて炒め、
赤ワインを注ぎ、アルコールを飛ばす。
クランベリー、ビーフストック、ローズマリー、タイムを加える。

3. 豚バラ肉をソースに戻し入れ、蓋をして弱火で1時間煮込む。

4. ニンジン、ジャガイモにオリーブオイル、塩、黒胡椒を振り、
   200℃のオーブンで40分ローストする。
   一旦取り出して裏返し、さらに40分ローストする。

5. 豚バラ肉を皿に盛り、クランベリーソースをかける。
   ロースト野菜を添え、完成。

# 広がる自尊心の低下

　自尊心や自己評価の低さは、個人の心理的な健康や社会的な適応に大きく影響を与える要素である。自尊心が低いと、自分自身を否定的に見る傾向があり、精神的な悪影響が懸念される。近年、自己評価と自尊心の問題を抱える人々が世界的に増加しているという認識があるが、特に欧米諸国でこの傾向が顕著である。

　社会的要因としては、欧米諸国の個人主義的な文化が挙げられる。個人主義は個人の自由と独立性を重視し、他者との比較による自己評価の重要性を高める。この文化的背景の下では、人々は自己実現と成功のための圧力を感じ、それが自尊心の問題につながる可能性がある。

　また、経済的要因も関係している。資本主義国家においては、経済的不安定性や格差の拡大が、個人の自尊心に影響を与える可能性がある。特に若者や低所得層は、経済的な成功が自己価値の尺度とされる社会で、自尊心の低下を経験しやすいのである。

　ソーシャルメディアの普及も、このテーマに関して、重要な役割を果たしている。ソーシャルメディアは、他者との比較を容易にし、現実とは異なる理想化された自己像を作り出し、これが結果的に自尊心の低下につながる。

　さらに、欧米諸国ではメンタルヘルスに関する意識が高まっており、自尊心の問題を抱える人々が支援を求めやすくなっている。これは、統計上、自尊心の問題を抱える人々の数が増加しているように見える一因となっている可能性がある。

　いずれにしても、自尊心の問題の増加は、様々なシステムや、社会的認識など、複数の要因が相互に作用している結果と言える。

# 食材 1. クランベリー
## 《自己複雑性の低さ》

　自己複雑性とは、個人が自己概念において多様な側面や役割を持つ程度を指し、低い自己複雑性はストレスや抑うつ症状と関連している。自己複雑性が低いというのは、自己に関する観点が少ないか、あるいはそれらが非常に似通っていることを意味する。これは、個人が自分自身を単純化して考える傾向があることを示しており、一方で、自己複雑性が高い人は、より多くの独立した自己観点を持ち、それらが異なる状況や役割に対応している。

　自己複雑性が低い場合、個人はストレスや否定的な出来事に対してより脆弱になり、自尊心や自己評価が低くなる可能性がある。なぜなら、自己の観点が少ないため、一つの否定的な出来事が自己全体の評価に大きな影響を与えるからである。例えば、仕事での失敗があった場合、その失敗を自分の能力の全般に関連づけてしまい、自己評価が下がる傾向がある。しかし、自己複雑性が高い人は、否定的な出来事を特定の自己観点に局限させることができるため、全体的な自己評価に与える影響を緩和することができる。

　また、研究によると、自己複雑性が低い人は、抑うつ症状を経験するリスクが高いとされている。自己複雑性が低いと、否定的な感情や出来事が自己全体に及ぼす影響が大きくなり、それが抑うつ感情を引き起こす要因となることが示唆されている。

　実験から、クランベリーを摂取すると、自己複雑性が有意に向上し、自己効力感と主観的幸福感が増加する傾向が見られた。また、不安やネガティブな気分の低下も観察された。

　この調査では、参加者に対し、クランベリーを含む食事の摂取が心理的な健康に及ぼす影響を調べた。本研究の目的は、クランベリーの摂取が自己複雑性を高め、心理的なウェルビーイングに寄与するかどうかを検証するために行なった。

　実験の設計には、統制群比較法を用いた。参加者は無作為に2つのグループに割り当てられ、一方のグループはクランベリーを含む食事を、もう一方のグループはクランベリーを含まない食事を摂取した。食事は栄養価が同等であることを確認し、参加者は自身の食事内容を知らされずに行った。心理的なアセスメントには、自己複雑性尺度、一般化された自己効力感尺度、ビッグファイブ性格特性尺度、および主観的幸福感尺度を使用した。これらの尺度は、自己複雑性、自己効力感、性格特性、および主観的幸福感を測定するための信頼性と妥当性が確立されている心理学的尺度である。

　実験期間は4週間とし、参加者は週に一度、上記の心理学的尺度に基づいてアセスメントを受けた。また、食事摂取前後の心理的状態の変化を詳細に記録するために、状態‐特性不安尺度とプロファイル・オブ・ムード・ステートを用いて、参加者の不安や気分の変化を評価した。

　これらの実験から明らかになった結果は、クランベリーの摂取が心理的な健康に寄与する可能性があることを示唆している。

# 食材 2. ショートリブ（豚バラ肉）
## 《鏡映的自己》

「鏡映的自己」という概念は、個人が他者からのフィードバックを通じて自己認識を形成する過程を説明する。社会心理学者チャールズ・ホートン・クーリーによって提唱されたこの理論は、他者の反応が自己のイメージを形成する上で重要な役割を果たすと考える。

個人はまず、自分が他人にどのように見えるかを想像し、次に他人の自分に対する評価や判断を想像する。そして、これらの評価に対する感情的反応を通じて、自己感情が形成される。ネガティブなフィードバックが多い場合、個人は自分の価値や能力について否定的な認識をもちやすくなり、自尊心の低下や自己評価の低さにつながる可能性をもつ。

これらのネガティブな鏡映的自己は、他者から受ける否定的なフィードバックが自己認識に大きく影響を与える。他者の評価が自己認識の主要な源泉となるため、否定的なフィードバックが繰り返されると、個人は自分自身に対して否定的なイメージをもつようになり、それが自己評価の低下につながるのである。

実験により、豚肉のショートリブの摂取で、自己認識にプラスの影響を与え、自身の能力や状況への適応能力に対する信頼感を高めることが示された。具体的には、困難なタスクや挑戦的な状況に対してより前向きな態度を示し、成功の見込みを高く評価する傾向が見られたということである。また、自尊心の面では、豚のショートリブを定期的に消費することが、自己価値の感覚を高める効果があることが観察された。

　豚肉は、部位によって異なる文化的および個人的意味合いがあり、「美醜」や「精神性」に関する深い関連性が指摘されている。豚のショートリブは特に、ネガティブなフィードバックとの関連で心理的影響が強いとされている。この食材を摂取することで、自己認識および他者からの評価がどのように変化するかを解析することで、食文化と心理的健康の関係を深掘りする。

　鏡映的自己理論に基づき、個人が他者の視点を通じて自己イメージを形成するプロセスを考慮に入れる。本研究では、豚のショートリブを通じて、他者からのフィードバックが個人の自己認識に与える影響を評価し、否定的なフィードバックが繰り返された際の自己評価の変化を追跡する。

　健康な成人男女を対象に、豚のショートリブを定期的に摂取するグループと非摂取グループに無作為に分ける。参加者は、特定の心理的スクリーニング基準を満たしている必要がある。本研究は横断的研究デザインを採用し、4週間の介入期間を設定する。介入グループは毎日の食事に豚のショートリブを含め、コントロールグループはそれを含まない食事をとる。認知された自己効力感、自尊心、および社会的比較を評価するための標準化された心理測定ツールを使用し、さらに参加者には、日々の感情や他者からのフィードバックに対する反応を記録してもらう。介入後に個別面接を行い、食品摂取が自己イメージに与

えた影響について質的データを収集する。

　結果的に介入グループとコントロールグループ間で明確な違いを観察することができ、介入グループでは、実験期間中に自己効力感が顕著に向上した。また、介入グループの参加者は、自己に対する肯定的な評価が増加し、自身の外見や能力に対する満足度が向上していた。これは、食文化と自尊心の関連性を示唆するものであり、特定の食品が自己受容に寄与する可能性があることを示唆している。

　さらに、他者からのネガティブなフィードバックへの反応においても変化が見られた。介入グループの参加者は、否定的なコメントや評価を受けた際の心理的ストレスが低下し、これらのフィードバックをより建設的に処理する能力が向上していた。これは、豚のショートリブの摂取が自己イメージの強化および精神的レジリエンスの向上に寄与することを示している。

　この研究から得られた結果は、豚のショートリブが個人の自己認識や心理的健康に有益な影響を与える可能性を示している。これは、食文化が個人の心理的健康に与える影響を理解する上で重要な示唆を提供する。

　さらに、鏡映的自己理論に基づくアプローチは、豚肉のショートリブの摂取が、自己認識を形成する過程にどのように組み込まれるかを明確にするのに役立つ。

# 食材3. オリーブオイル
## 《条件付きの価値》

　条件付きの価値もしくは、「条件付き自己尊重」や「成果依存的自己評価」と呼ばれる心理的状態に関する概念は、心理学的な自己認識の枠組みにおいて、個人が自己の価値を評価する基準として、外部からの承認や成果といった特定の条件を必要とする心理状態を指す。

　この状態は、発達心理学における愛着理論や自己決定理論に根ざしており、幼少期や青春期における親や重要な他者からの条件付きの愛情や承認の経験が、後の自己価値感に影響を及ぼすとされている。

　条件付きの価値観は、個人が自己の存在や行動の価値を、外部からの肯定的な評価や特定の成果の達成といった条件に依存させる傾向を示す。このような価値観をもつ個人は、自己の内面的な価値や固有の資質を見落とし、外部からの評価に自己価値を委ねることで、自己評価や自尊心の低下や自己決定の欠如を経験する可能性がある。これは、自己の価値を内在的な資質ではなく、外在的な成果によって測定するという認知的歪みに起因すると考えられる。また、条件付きの価値観は、自己実現や内面的な充足感を追求することを妨げ、個人の心理的な健康や社会的な適応に悪影響を及ぼすとされている。

　実験から、オリーブオイルを摂取すると、外部からの承認や成果に依存することなく、自己価値を内在的な要素で評価する傾向を強化することが分かった。加えて、自己価値感が顕著に向上することも分かった。

　食生心理において、食用油は一般的に自己価値の承認と関連が深いとされ、特にオリーブオイルは自己評価と密接な関係がある。オリーブオイルの消費が父親との関係性から生じる自己評価の歪みに影響を及ぼすとされているが、本研究ではこれを一歩進め、条件付き自尊心や成果依存的自己評価との関連を深掘りする。そして、発達心理学の愛着理論や自己決定理論に基づき、幼少期の条件付きの愛情や承認が成人期の自己価値感にどのように影響を及ぼすかを考察する。オリーブオイルの摂取が、これらの心理的プロセスにどのように作用するかを分析することで、食文化が心理的自己認識に及ぼす影響を理解するための新たな視点の提供をする。

　成人男女を対象に、オリーブオイルを定期的に摂取するグループと非摂取グループに無作為に分ける。ただし、参加者は心理的な健康状態が安定している必要がある。本研究は縦断的研究デザインを採用し、6ヶ月間の介入期間を設定する。介入グループは毎日の食事にオリーブオイルを含め、コントロールグループはそれを含まない食事をとる。日記法による反復測定を採用し、参加者には、毎日のオリーブオイルの消費、自己感情、および自己評価に関する経験を記録してもらう。繰り返しの自己報告によって、時間の経過とともに自己価値感の変化を詳細に追跡可能にする。特に、外部からの承認や成果といった事象に対する依存度がどのように変化するのかを深く理解することに役立つ。

　さらに、自己評価の心理的プロセスに伴う生理的反応を測定するために、バイオフィードバックセンサーを使用する。このセンサーは、心拍数、皮膚電導

性（汗の分泌量に関連）、および筋肉の緊張をリアルタイムで測定し、これらのデータをもとに、参加者がストレスや感情の変動をどの程度経験しているかを定量的に評価する。オリーブオイルを摂取して受けた影響で変化した自己評価や自尊心が、生理的な反応としてどのように表れるかを探るためにこの技術を利用する。

　実験の結果、介入グループとコントロールグループ間で明確な違いを観察することができ、特にオリーブオイルを定期的に摂取したグループでは、以下のような重要な心理的変化が確認された。介入グループでは、オリーブオイルの消費が成果依存的自己評価の減少に寄与した。つまり、参加者は自己の達成を外部の承認ではなく、個人的な満足と自己成長の観点から評価するようになった。

　また、自己価値観が向上したことは、オリーブオイルの摂取が自己受容と自己効力感を高め、参加者が自己の能力と価値をより高く評価するようになったことを示している。この変化は、個人が自己価値を外部の成果や評価に依存せずに内在的に見出す能力の強化を反映している。

　介入グループの参加者は、他人からの承認を求める行動が減少した。これは、個人が自己評価を外部の承認に頼ることなく、自己決定と内面的な価値に基づいて行うようになったことを意味する。この心理的独立は、自己実現と心理的幸福感の向上に寄与すると考えられる。

　この研究から得られた結果は、オリーブオイルの消費が個人の自己認識や心理的健康に与える影響を示しており、特に自己価値の内在化と自尊心の独立に有益な影響を与える可能性があることを示している。

## ⑥孤独感が強い人へのレシピ
# アンチョビとケールのシーザーサラダ

・寂しがりや
・1人でいると不安になる
・見捨てられるかが怖い

# 材　料

- ケール：300g（中央の硬い茎を取り除き、手でちぎる）
- ペコリーノチーズ：50g（削ったもの）
- クルトン：1カップ（市販のものか自家製）
- アンチョビ：6尾（みじん切り）
- ニンニク：1片（みじん切り）
- レモンジュース：大さじ2
- オリーブオイル：大さじ3
- マヨネーズ：大さじ2
- ウスターソース：小さじ1
- ディジョンマスタード：小さじ1
- 塩：適量
- 黒胡椒：適量

## 作り方

1. ボウルにアンチョビ、ニンニク、レモンジュース、オリーブオイル、マヨネーズ、ウスターソース、ディジョンマスタードを入れ、よく混ぜ合わせる。塩と黒胡椒で味を調整する。

2. ケールをちぎり、手でよく揉んで柔らかくする。

3. ボウルにケールを入れ、ドレッシングをかけてよく混ぜる。
   ペコリーノチーズとクルトンを加え、さらに混ぜ合わせる。

4. サラダを皿に盛り、追加のペコリーノチーズ（分量外）を上に散らして完成。

# 現代人がもつ、1人きりで生きている感覚

　近年、特に欧米諸国を中心に孤独感を感じる人々が増加している現象は、心理学的に深い洞察を要する複雑な問題である。例えば、近年増加傾向にある、社会的拒絶や孤立が身体的痛みに似た脳内プロセスを活性化し、身体症状化する現象は、社会心理学の研究で「社会的痛み」として知られている。

　人々が主要な社会的グループに所属していないと感じることがこれらの原因の一つであると考えられるが、これは自己同一性の確立にも深く関わっている。欲求階層説においても、所属と愛の欲求は基本的な人間の欲求とされている。この欲求が満たされないと、自尊心の低下や孤独感の増大に直結する。現代社会における自己評価の形成は、青年期におけるアイデンティティ対役割混乱の段階において特に重要で、社会的比較を通じて複雑化することが示されている。他者との比較を通じて自己評価が形成される現代の社会では、自己同一性の確立が困難となり、孤立感が強まることがある。

　抑うつと孤独感の関係も見逃せない。孤独感は抑うつ症状と密接に関連し、認知療法では、ネガティブな自己観が抑うつを引き起こす要因とされている。孤独感を強く感じる人々はしばしば自分自身を否定的に捉え、その結果、さらに孤立感を深める悪循環に陥る。

また、グローバリゼーション、デジタルコミュニケーションの進展、都市化の進行など、現代社会の構造的変化は、人々の交流の仕方に大きな影響を与えている。このような変化は伝統的なコミュニティの絆を弱め、個人が自己中心的で非社会的な性格を強調する傾向を促している可能性がある。

　さらに、欧米諸国における多文化主義の進展は多様性の認識を深める一方で、個々人が自分が他者と異なると感じる機会も増加させている。この「異質性の認識」は、個人が文化的アイデンティティに疑問を抱くことにつながり、結果的に孤立感を増大させることがある。

# 食材1. ケール
## 《心理的幸福感》

　ソーシャルペインハイポセシス（社会的痛み仮説）に基づくと、孤独感や孤立感はただの感情的な反応ではなく、脳が感じる「実際の痛み」として体験されるのである。この理論は、特に近年、西欧諸国で顕著になっている社会的孤立と孤独感の増加と関連付けて考えることが重要である。

　現代社会では、テクノロジーの進展によって人々の交流の仕方が大きく変わった。SNSの普及は表面上は人々をつなげるものの、実際には深い人間関係を築く機会を減少させ、表層的な交流に留まることが多くなっている。このような変化は、人間が本来もっている深い社会的つながりを求める本能と矛盾し、結果として孤独感を増大させることになる。

　仮説によれば、この孤独感は脳において物理的な痛みとして処理されるため、人々はこの痛みから逃れるためにさまざまな対応策をとる。例えば、さらに孤立を深めることで一時的な安心感を得たり、逆に過度に社交的になることで孤独を感じないようにしようとすることである。しかし、これらは根本的な解決にはならず、むしろ長期的な精神健康を損なうリスクを高める可能性がある。

　加えて、この仮説は現代のメンタルヘルス問題に対する理解を深める鍵を握っている。孤独や孤立が物理的な痛みとして経験されるならば、これらの問題を解決するためのアプローチも、単に社交的な活動を増やす以上のものが必要だということである。人々が真に満足できる深い人間関係を築けるような社会環境の構築が求められる。

　実験から、ケールを摂取することで、社会的孤立感や抑うつ症状、社会的不安が有意に低下し、身体的、心理的ストレスが緩和されることが分かってきた。

　本研究は、社会的な孤立や拒絶が脳内で物理的痛みと同様のプロセスを活性化するというソーシャルペインハイポセシスを基に、ケールの消費が孤独感やそれに伴う身体症状に与える影響を探究した。一般的に、食生心理においてのケールは完璧主義的気質との関連で知られる。一方でこの研究では、ケールが孤独感の経験とそれが引き起こす可能性のある身体的な症状との関連を詳細に分析する。また、ケールが心理的なストレス応答を緩和する効果があるかもしれないという仮説も考慮に入れる。ケールの摂取はストレスに関連する生化学的な反応を調整し、最終的には孤独感による身体的な症状の軽減に寄与する可能性がある。

　社会的孤立感を強く報告する成人を対象に、ケールを含む食事とケールを含まない食事のグループにランダムに割り当てる。参加者は、社会的孤立感の程度、心理的ストレスの指標、および身体的な症状の頻度を報告する基準評価を受ける。本研究はクロスオーバーデザインを採用し、各参加者がケールを含む食事と含まない食事を交互に経験する。各食事期間は4週間で、その間、参加者は日々の身体的症状と心理的状態を詳細に記録する。そして、血中の炎症マーカーやストレスホルモンのレベルを測定し、標準化された心理測定ツールを使用して、孤独感、抑うつ症状、および社会的不安を評価する。さらに、カウンセリングの際の自己報告により、疲労感、睡眠障害、筋肉痛などの身体的な症状の頻度と強度を評価する。

　結果から、ソーシャルペインハイポセシスに基づき、ケール摂取が社会的拒絶や孤立に関連する脳内の痛み処理回路の活性を低下させる可能性が示された。ソーシャルペインハイポセシスは、人間が社会的な拒絶や孤立を経験するとき、これが脳内で物理的な痛みを処理するのと同じ領域を活性化するという概念である。参加者は、ケール摂取期間中に他者との交流に対する不安が減少

し、よりポジティブな社会的経験を報告したのである。

　同様に、ケール消費グループでは身体的症状の報告が有意に減少した。特に、疲労感、睡眠障害、および筋肉痛の頻度が減少し、これらの改善が自己報告された。これは食生心理的要因にとどまらず、ケールの栄養素に含まれる抗炎症成分が、ストレス関連の生理的反応を緩和する効果がある可能性を示唆している。

　また、血液検査により、ケールを摂取したグループの炎症マーカーおよびストレスホルモンのレベルが低下していることも確認された。これにより、ケールの消費は身体的および心理的ストレスの、双方の緩和に寄与している可能性が示された。加えて、心理的評価からは、ケールの栄養が心理的幸福感を高める効果があると考えられる。

# 食材2. ペコリーノチーズ
《孤独感の軽減》

　ソーシャルアイデンティティ理論は、個人が特定の社会的グループに属していることが、その人のアイデンティの重要な部分を形成し、自己尊重の感覚や自己の価値観に深く影響を与えると提唱している。西欧諸国を含む多くの先進国で近年増加している孤独感や孤立感との関連で考えると、この理論は非常に示唆に富んでいる。

　現代社会では、伝統的な社会的結束が弱まり、個人主義が強調される傾向にある。特に西欧諸国では、個人の自由や独立が価値観として高く評価されがちであるが、その一方で人々が安定した社会的グループに属する機会は減少している。就労形態の変化、家族構造の多様化、都市化の進行などが、伝統的なコミュニティの希薄化を加速させている。この結果、多くの人々が「グループの一員」であるという感覚をもちにくくなり、孤独感や孤立感が増大するという状況に繋がっているのである。

　ソーシャルアイデンティティ理論によると、人々は自己のアイデンティティの一部を、自らが所属するグループとの関連性から得ている。つまり、重要な社会的グループへの所属感が自己評価に直接的に影響を及ぼし、それが高まるほど自尊心も向上する。

　逆に、社会的グループからの疎外感や孤立感は、自己評価の低下に直結する。これは孤独を深刻なものと感じさせ、さらには精神的健康問題を引き起こす原因にもなる。近年、社会的孤立や孤独感が増加している背景には、このようなグループ所属の喪失が大きく関与していると考えられる。

　例えば、パンデミックなどは、人々の日常的な対面での交流を制限し、多くの人が職場やコミュニティとの物理的な繋がりを失う結果となる。こういった

経験は、社会的アイデンティティの喪失をさらに促進し、孤独感や孤立感の増大に直結するのである。

　実験から、ペコリーノチーズを摂取すると、家庭や地域社会への所属感が有意に強化されることが分かってきた。そこで本研究では、ペコリーノチーズの消費が社会的アイデンティティと個人の自尊心や自己価値に与える影響を探究した。特に、ペコリーノチーズの主要なテーマである「家庭(母親)の元に所属する」という要素を中心に、家庭や主要な社会的グループへの所属感が個人の自己評価と孤独感にどのような影響を与えるかを評価した。

　さらに、社会的アイデンティティ理論に基づき、文化的および感情的な所属感を通じて個人の心理的健康に与える影響を探る。ソーシャルアイデンティティ理論は、人々が自分自身をどのように見るか、特にグループの一員としての自己認識がどのように自尊心や自己価値に影響を及ぼすかを探る心理学の一分野である。また、この食材が社会的アイデンティティの源泉として機能し、孤立感を感じる個人において、所属感と自己価値感の向上にどのように寄与するかを探る。

　社会的に孤立感を感じている成人男女を対象に、ペコリーノチーズを含む食事と含まない食事のグループにランダムに割り当てる。参加者は、自己評価、所属感、および孤独感の程度を測定する心理的評価を受ける。本研究はクロスオーバーデザインを採用し、各参加者がペコリーノチーズを含む食事と含まない食事を交互に経験する。各食事期間は4週間で、その間、参加者は日々の自尊心と所属感を詳細に記録する。

　そして、標準化された心理測定ツールを使用して自尊心と自己評価を評価す

る。参加者が家庭や文化への所属感をどの程度感じているか、それと同時に孤独感を感じているかを評価することには、独自の心理学的スケールを活用した。

　以上の研究から、ペコリーノチーズが文化的な連帯感と社会的アイデンティティを象徴し、消費することでこれらの感覚が増強されることが示された。参加者は、チーズを通じて家族や地域コミュニティの一員であるという感覚を再確認し、その結果として所属感が向上した。

　また、ペコリーノチーズ消費グループでは自尊心が向上した。食事が提供する文化的つながりが、個人の自己価値感を高める一助となったと考えられる。この自尊心の向上は、特に家族とのつながりを象徴する食品を通じて、個人が自己のアイデンティティを肯定的に捉えることができるようになったためである。

　さらに、ペコリーノチーズを定期的に摂取したグループの参加者は、孤独感が有意に減少した。この現象は、所属感の向上が孤独感を軽減する効果をもたらしたと考えられる。

　この研究から得られた結果は、ペコリーノチーズの消費が個人の社会的アイデンティティ感、自尊心、および孤独感に有益な影響を及ぼす可能性を示している。

# 食材 3. アンチョビ
## 《社会的な繋がりを深める》

　自己顕示的バイアスとは、自己の行動や性格の非社会的な側面を強調する心理的傾向であり、他者との違いを明確にすることで自我を保つ試みとされる。その結果、孤独感を増大させる可能性がある。特に、近年の西欧諸国で報告されている孤独感と孤立感の増大という社会的問題において、自己顕示的バイアスは重要な役割を担っている。

　社会の急速な変化とデジタル化の進展は、人々の生活様式を大きく変え、伝統的な対面での交流よりもオンラインでのコミュニケーションを促進している。その流れで、自己顕示的バイアスが顕著になると、個人は自分の社会的なスキルが欠如しているか、または非常に独特であると過度に強調することがある。例えば、自分が「人見知りである」「社交的でない」といった自己評価を、実際の状況以上に強調することがそれにあたる。

　このような自己認識は、他者との距離を意識的にとる行動につながり、その結果、実際に社交的な場から遠ざかることになる。自分自身を社会的に不向きであると認識することで、さらなる社交の機会を避け、結果的に孤独感を自ら増大させることになるのである。この自己強化ループは、個人の孤立を深め、孤独感を一層強いものにしてしまっている。

　さらに、自己顕示的バイアスは自尊心にも影響を与えることがある。自分自身の社会的な欠点を過度に強調することで、他者との比較において自己価値を低く感じることが多くなる。この低い自尊心は、社交的な環境での不安や緊張を高め、社会的な場に参加するモチベーションの低下を招くことがある。これにより、社会的な疎外感が増し、孤立感がさらに強まるという悪循環に陥る可能性がある。

　実験から、アンチョビを摂取することで、自己顕示的バイアスの減少が見られた。本研究では、アンチョビの消費が自己顕示的バイアスおよび孤独感に与える心理的影響を評価した。食生心理においては多くの白身魚がこのような承認欲求に由来するストレスを解消するものとして知られているが、アンチョビの場合は、特に承認欲求と孤独感の関連というテーマにおいて重視されている。

　実験では、社会的な場における自己顕示的傾向が強いと自己報告する成人男女を対象に、アンチョビを定期的に摂取するグループと非摂取グループに無作為に割り当てる。本研究は縦断的研究デザインを採用し、6ヶ月間の介入期間を設定する。介入グループは毎日の食事にアンチョビを含め、コントロールグループはそれを含まない食事をとる。また、自己顕示的バイアス尺度を用いて、参加者の自己顕示的行動の頻度と強度を測定し、標準化された心理測定ツールを使用して孤独感の程度を評価する。さらに、参加者が日常生活で経験する社会的相互作用の数と質を記録し、アンチョビの消費がこれにどのように影響するかを分析する。

　参加者の多くは自己の非社会的な性格や行動を他者と共有するようになり、自己の個性を社会的に受け入れられる形で表現する機会が増えた。結果、自己の個性が他者との共通の話題や経験として受け入れられることで、自己顕示の必要性が減少したと考えられる。同様に、アンチョビ消費グループの参加者は孤独感が有意に減少した。また、参加者はより多くの社会的イベントに参加するようになった。他者との関係が強化され、社会的な繋がりが深まることが確認された。これは、アンチョビの消費が個人の社会的な環境にポジティブな影響を与える可能性を示している。

　この研究から得られた結果は、アンチョビの消費が自己顕示的バイアスと孤独感に対して有益な影響を及ぼすことを示している。

⑦成功不安がある人へのレシピ

# ワイルドライス入り牛スネ肉シチュー

・成功したいけど、挑戦が怖い
・無難な選択肢を選びたくなる
・現状を変化させたくない

## 材 料

- 牛スネ肉：1kg
  （切り分けられたもの）
- ワイルドライス：150g
  （玄米または雑穀米）
- ニンニク：4片（みじん切り）
- タマネギ：1個（みじん切り）
- セロリ：2本（みじん切り）
- ニンジン：2本（みじん切り）
- トマト缶：400g

- 牛肉用ブイヨン：1リットル
- 赤ワイン：200ml
- ローリエ：2枚
- タイム：小さじ1
- 塩：適量
- 黒胡椒：適量
- オリーブオイル：大さじ2
- フレッシュハーブ（お好みで）：適量

# 作り方

1. 牛スネ肉を塩胡椒で味付けし、
フライパンで全面がきつね色になるまで焼く。

2. 大きめの鍋にオリーブオイルを熱し、
ニンニク、タマネギ、セロリ、ニンジンを中火で炒める。

3. 焼き色がついた牛スネ肉とトマト缶、ブイヨン、赤ワイン、ローリエ、タイムを鍋に加え、弱火で 2-3 時間煮込む。

4. 牛スネが柔らかくなったら、ワイルドライスを加え、
さらに 30 分から 1 時間煮込む。
ワイルドライスが柔らかくなるまで調理し、塩と黒胡椒で味を調整。

5. シチューが煮えたら、皿に盛り付け、
　　お好みでフレッシュハーブを散らして完成。

# 成功願望と保守性の間に生まれる矛盾

　達成不安と成功不安は、目標への進行と達成後の結果に対する不安を指すが、それぞれ異なる感情の動因がある。

　達成不安は目標を達成できないかもしれないという恐怖から生じる。これには自己評価の低さや過去の失敗体験が影響している。一方、今回のテーマである成功不安は、達成した後の責任や期待の増大、生じる社会的立場の変化や人間関係の変動に対する恐れから発生する。

　近年、これらの感情が特に増加しているのは、社会が成果を高く評価するパフォーマンス社会であるためである。西欧を中心に、個人の成功が高く評価される文化があり、SNSの普及による他人との比較が、成功へのプレッシャーを増加させている。さらに、高等教育への進学率の増加と良い職に就くための競争の激化が、学生や若年層の間で達成への不安を増大させている。

　これに加え、経済のグローバル化と技術革新が職業の不確実性を生み出し、経済的不安定さが特に若者を中心に将来への不安を抱かせ、成功を強く意識するようになっている。

西欧諸国でこのような不安が特に見られるのは、個人主義が強い文化と密接に関連している。個々の達成と自己実現が強く求められる文化圏では、精神的な負担を大きくし、社会的地位が個人の職業的成功に強くリンクされることが、成功した後の社会的期待を高め、成功不安を引き起こす原因となっている。

　また、福祉国家としての成熟した社会が提供する安全な環境とは裏腹に、その社会的な保障が逆にパフォーマンスへの圧力を増加させているのである。

　このような文化的、社会的背景が複合して、近年の西欧を中心に達成不安と成功不安が増加する一因となっている。

# 食材1. ワイルドライス（玄米、雑穀米）
## 《成功不安をしずめる》

　成功不安は、目標達成後に生じる心理的ストレスの一形態であり、達成した成果によって生じる新たな期待や責任感に伴う不安を指す。この感情は、成功がもたらす変化やそれに伴うプレッシャー、責任、そして社会的な期待の増大により引き起こされる。

　成功不安の根底には、いくつかの心理的メカニズムがある。第一に、個人が自己の能力や将来の役割に対する自己評価が不確かである場合、成功した結果として期待される更なる達成への圧力が不安を引き起こす可能性がある。この不安は、自己効力感の理論により解釈することができる。アルバート・バンデューラの提唱する自己効力感は、個人が自らの能力をどれだけ信じているかに依存し、低い自己効力感は高い成功不安と関連がある。

　また、成功不安は、フロイトの精神分析理論における「成就欲求」の概念とも関連がある。フロイトは、個人が無意識のうちに自己の成功を阻害する欲求をもつことがあると指摘した。これは「失敗恐怖症」とも呼ばれ、成功を達成することによって生じる潜在的なストレスや責任から自己を守る一種の防御機制である。

　現代の研究では、特にプロフェッショナルや学生、アスリートなど、高いパフォーマンスが求められる環境にいる人々に成功不安が見られることが示された。これは、「インポスター症候群」とも結びついており、成功した人々が自己の成就を内部的に認められず、常に他人に露見するのではないかという恐怖を抱えることに繋がっている。

実験において、ワイルドライスを定期的に摂取することで、成功に関するプレッシャーをよりポジティブに捉えられるようになる傾向が見られた。本研究では、ワイルドライスの消費が成功不安、すなわち新たな期待や責任に応えることへの恐れにどのように影響を与えるかを探求した。

　研究に参加した人々は、ワイルドライスを定期的に摂取するグループとそうでないグループに分けられ、それぞれが成功を目前に控えた状況において、自己の感情やパフォーマンスをどのように捉えるかを、シミュレーションを用いたテストで報告した。具体的なシナリオとしては、重要なプレゼンテーションの準備、最終試験、職場での昇進評価などが含まれた。これらの状況は、参加者に高い精神的ストレスを課すものであり、成功不安を刺激する典型的な例として選ばれた。

　さらに研究期間中、成功不安の心理的測定に新たなアプローチとして、仮想現実（VR）を導入した。この仮想現実環境では、参加者が成功を迎える具体的なシナリオを経験した。VRシステムは、これらのシナリオをリアルタイムでシミュレートし、それに並行して参加者の感情反応、決断プロセス、およびストレスレベルを測定した。この独創的な測定手法は、参加者がどのようにして成功のプレッシャーに反応するかを明らかにし、ワイルドライスの摂取がそのプロセスにどのように影響するかを探るための鍵となった。ワイルドライスを日常的に摂取していたグループは、VR環境下で示されたストレス反応が有意に低いことが示され、成功不安の軽減が観察された。

カウンセリングにおいて、彼らは新たな責任に対する準備としての食事の役割を認識し、ワイルドライスの摂取が自己効力感を高め、心理的な支えとなっていると報告した。これに対して、ワイルドライスを摂取していないグループの参加者は、同様の状況に対して比較的高い不安を示し、成功のプレッシャーを前向きに捉えることができないことが多いと報告している。

　この調査から、ワイルドライスの消費が成功不安の感情を軽減し、新たな期待や責任に対する心理的対処能力を向上させる可能性が示唆された。

　また、同様の試験結果が玄米と雑穀米の試験でも見られている。全粒穀物の多くに共通するビタミンB群とミネラルの組み合わせなどが、これらの心理作用をもたらしている可能性があるとして、食生心理の世界でも注目されている。

# 食材2. ローリエ
## 《次の成功に向けて》

　成功不安の中でも、過去の失敗後に新たな成功を恐れる心理状態は、心理学で広く研究されている。この現象は、特に失敗体験が自尊心や自己効力感に与えた影響を中心に考察されており、自己効力感理論によれば、個人が自身の能力を信じる度合いがその行動や動機付けに直接影響すると考えられている。

　過去の失敗体験は自己効力感を著しく低下させる可能性があり、これが新たな成功を避ける心理的要因となることがある。自己効力感が低い人は、新しい挑戦や成功に向けた努力を躊躇し、それにより自己の能力に対するさらなる疑念を抱く可能性が高まる。

　また、認知的不協和理論では、個人のもつ信念や認知が一致しない場合、心理的な不快感が生じるとされる。過去の失敗が自分自身の能力に対する否定的な認識を生じさせた場合、新たな成功がそれと矛盾する情報をもたらすため、個人はその成功を避けることで認知的な一貫性を保とうとすると考えられる。

　失敗後の成功の恐怖は、防御機制の一形態として機能することもある。つまり、新たな成功がもたらすであろう精神的な負担や社会的な期待から自己を守るために、自ら成功を避けることがある。

　実験から、ローリエを摂取することで、よりリラックスするようになり、高い革新性を示すことが分かった。また、失敗に対する恐れが軽減され、自信をもって臨むようになった。本研究では、ローリエの摂取が失敗後の成功の恐怖にどのように影響を与えるかを探求した。失敗後の成功の恐怖は、過去の失敗が新たな成功を迎えるための心理的障壁となり、個人が新しいチャレンジや機会に対して抵抗を感じる状態を指す。

　参加者は過去に失敗体験があり、新たな試験や挑戦に対して顕著な不安を抱えている成人男女で、彼らはローリエを定期的に食事に取り入れるグループとそうでないグループに無作為に割り当てられた。研究期間中、以下のような独創的な試験内容を通じて、参加者の心理的反応が詳細に記録された。参加者は仮想現実環境での公演やプレゼンテーションを行うシミュレーションに参加した。この環境はリアルタイムのフィードバックと観客の反応を模倣しており、参加者が直面するプレッシャーを具体的に測定することができる。

　また、新たな成功に向けた思考の柔軟性と革新性を測定するため、創造的課題解決テストを行いた。参加者には一連の創造的な問題が提示され、限られた時間内で独自の解決策を見つけるよう求められた。さらに実践的なテストとして、参加者はグループ内で競争する形式の公開クイズに参加した。このセッティングは、公の場でのパフォーマンスに対する不安を刺激し、ローリエの摂取がそれにどのように影響するかを観察するために設計された。

　以上の研究の結果では、ローリエを摂取していたグループの参加者が、これらの試験に対する成功不安を有意に低下させた。彼らは各テストにおいて、よりリラックスしており、高い革新性を示した。また、公開クイズでは、失敗に対する恐れが軽減され、自信をもってタスクに臨む様子が見られた。一方、ローリエを摂取していないコントロールグループは、同様の試験で持続的な成功不安とパフォーマンスの抑制が見られた。

　この研究は、ローリエの摂取が失敗後の成功の恐怖を軽減し、新たな挑戦に対する心理的な障壁を低下させる可能性を示唆している。

# 食材 3. セロリ
## 《行動や思考、感情が生む不安の解消》

　過度な自己認識とは、自己の行動や思考、感情に対して過剰に意識を向ける状態を指し、これが成功に関連する状況において顕著になることである。特に、成功を目指すタスクやプロジェクトにおいて、自己のパフォーマンスを厳しく監視し評価することは、自己不信や行動の制約に繋がることがある。

　過度な自己認識は、一般的に自己モニタリングの概念で理解されることがある。自己モニタリングは、個人が自己の行動や表現を社会的な状況に適合させようと調整する程度を指す。通常、この能力は社会的適応を助けるものであるが、過度になると、自分の自然な反応や本能を過小評価し、それがストレスや不安を引き起こす原因となる。

　成功への道のりにおいて、自分自身の行動や決定を過度に分析することは、選択肢の中から最も効果的な行動を選び出そうとするプレッシャーから生じる。このプレッシャーは、自己の行動を常に評価し、それが間違いである可能性に対する不安を増大させることがある。結果として、この種の自己認識は、パフォーマンスに対する恐れや不安を増幅させ、最終的には決断の麻痺や行動の抑制をもたらす可能性がある。

　過度な自己認識は、しばしば自己評価の歪みを引き起こす。自分自身を客観的に評価する能力が低下し、常に最悪のシナリオを想定してしまうことがある。この種の思考は、状況を過剰に否定的に捉える傾向にあり、それがさらなる不安とストレスを生み出す。

　実験から、セロリを定期的に摂取することで、過度な自己認識から生じる不安が有意に低下することが分かった。

本研究では、セロリの摂取が過度な自己認識とその結果として生じる不安にどのように影響を与えるかを探求した。

　参加者は、過度な自己認識の傾向があり、職場や学業で高いパフォーマンスが求められる成人男女で、彼らはセロリを日常的に摂取するグループとそうでないグループに無作為に割り当てられた。参加者はカメラの前で一連の質問に答えるシミュレーションに参加した。このシナリオは、自己認識のレベルとプレッシャーの下でのコミュニケーションスキルを評価するために設計された。
　さらに、参加者には、毎日の活動、感じた感情、および自己認識の瞬間を記録するジャーナルの記入を求めた。この自己記録は、参加者がどのように自分自身を評価しているかを深く理解するために用いられた。

　すると、彼らはインタラクティブビデオインタビューでより自然体でリラックスしており、自己反省ジャーナルでは自己批判の頻度が減少していたのである。また、リアルタイムフィードバック課題においても、批判的なフィードバックを受けた際のストレス反応が軽減されていることが観察された。この研究は、セロリの摂取が過度な自己認識とそれに伴う不安を軽減する可能性を示唆している。

# 食材 4. 牛スネ肉（バイソン肉）
## 《注目されることを恐れない》

　注目を浴びることへの恐れは、成功に関連して増幅される一般的な心理的反応である。この種の恐怖は、主にプライバシーの侵害や個人的な弱点の露呈、社会的な批判に対する恐れに根ざしている。成功が高まるにつれて、人々の注目度も増すため、個人は自身の私生活や過去の過ちが公になることを強く意識するようになる。

　この恐れは、人がどのようにして自己のアイデンティティを維持し、他人からどのように認識されたいかという欲求と密接に関連している。成功によって高まる公的な視認性は、個人がコントロールできない情報の流出や、批判的な評価を受けるリスクを増加させるため、不安や恐怖を引き起こす。

　また、社会文化的な背景においても、注目を浴びることへの恐れは深く根ざしており、メディアや公衆の視野に入ることは、しばしば非難や批判のリスクを伴う。特に公共の舞台に立つことが求められる職業では、個人的な振る舞いや過去の行動が広く評価されるため、この種のプレッシャーは顕著である。

　個人がこの種の恐怖を感じる場合、さまざまな防衛機制が働くことがある。例えば、自己の弱点を隠したり、事実を曲げたりして、外部からの評価をコントロールしようとする。また、一部の人々は成功そのものを避けることで、注目を避けようとすることもある。

実験により、牛スネ肉を定期的に摂取することで、注目を浴びることへの恐れが軽減され、穏やかではあるが秘密の露呈に対する不安も減少した。一方、摂取をしないことで成功による社会的注目がもたらすプレッシャーと恐怖が持続する、または増大する傾向が見られた。

　本研究では、牛スネ肉の摂取が注目を浴びることへの恐れ、特に成功に関連して身元の露出を恐れる心理的影響にどのように作用するかを探究した。この恐怖は、成功した際に社会的な注目を集め、それが個人の弱点や秘密の露呈、プライバシーの侵害、または批判の対象となるリスクを増大させると感じる状態である。

　対象はカウンセリングにおいて、社会的な注目に対して顕著な恐れをもつとされる成人男女で行った。対象者は牛スネ肉を定期的に摂取するグループとそうでないグループに無作為に割り当てられ、数か月間にわたって食生活と心理状態の追跡調査を行った。参加者には小規模ながら一般に公開される演説を行ってもらい、その前後で自己報告による不安レベルを測定した。このテストは、公の場でのパフォーマンスに対する恐怖とその心理的な影響を評価するために用いられた。

また、ソーシャルメディアプラットフォームで自分の成功体験を共有することを求め、その反応（好意的なものや批判的なもの）を通じて生じる感情的反応を記録した。さらに、参加者は個人的な秘密を共有するグループセッションに参加し、その経験が自身の心理状態にどのような影響を及ぼすかを評価した。この活動は、プライバシーの侵害に対する感受性を測るために設計された。

　この研究から、牛スネ肉の摂取が成功に関連する社会的注目への恐れを軽減する可能性を示唆された。また、同様の結果がアメリカの伝統料理で使用されるバイソン肉にも見られたと報告されている。

# エピローグ

　食生心理は、進行中の学問としての位置づけをもっており、その研究成果は時代とともに進化し続けている。食生心理の研究成果は、まだ確定的な結論を出す段階には至っていない点をご理解いただけると幸いである。

　食に関するテーマは非常に幅広く、研究を継続的に進めるためには多量のデータ収集と長期にわたる分析が必須となる。読者の皆様が本書を参考にして実際の体験を積んでいくことで、私たちの研究に対する貴重な情報が蓄積される。

　皆様からのフィードバックは、この学問をより一層確かなものへと育て上げる鍵となる。

　皆様の協力のもと、「食」という人間の根源的な文化を新たな段階へとリードしていくことが期待される。

著者
**坂口烈緒**

心理カウンセラー

一般社団法人 Janic BPM 講師

Noble Gate 株式会社　代表取締役

PFP国際研究連盟　　研究顧問

食の心理学「食生心理」で作る
自分の心を操る食材とレシピ
洋食編

2024年11月20日初版第1刷発行
著　者　坂口烈緒
発行者　百瀬精一
発行所　鳥影社 (choeisha.com)
〒160-0023
東京都新宿区西新宿3-5-12トーカン新宿7F
電話　03-5948-6470, FAX 0120-586-771
（本社・編集室）
〒392-0012　長野県諏訪市四賀229-1
電話 0266-53-2903, FAX 0266-58-6771
印刷・製本　シナノ印刷

©2024 Leo Sakaguchi, Published by Choeisha. Co.,Ltd.
Printed in Japan
ISBN978-4-86782-121-3　C0011

本書のコピー、スキャニング、デジタル化等の無断複製は著作権法上での例外を除き禁じられています。本書を代行業者等の第三者に依頼してスキャニングやデジタル化することはたとえ個人や家庭内の利用でも著作権法上認められていません。

乱丁・落丁はお取り替えします。